Les exportés

Sonia Devillers

Les exportés

Flammarion

ISBN : 978-2-0802-8320-7

Elle regarde vers l'avant, je regarde en arrière.
À ma sœur Marion, la personne la plus importante de ma vie.

Leur nom sur la liste

ILS N'ONT PAS FUI, on les a laissés partir. Ils ont payé pour cela une fortune. Des papiers leur ont été accordés, puis retirés, puis finalement accordés. Ils ne voulaient pas quitter leur pays. Ils ne voulaient pas, mais ils n'avaient plus le choix. À chaque arrêt, chaque poste-frontière entre la Roumanie et la France, ils ont cru que le train ne repartirait jamais. Le 19 décembre 1961, pourtant, Harry et Gabriela Deleanu, leurs deux filles et une grand-mère réussirent à atteindre Paris. Ils avaient franchi le Rideau de fer sans cesser de se retourner. S'ils avaient pu, ils auraient retenu le paysage à mains nues, tout donné pour l'empêcher de défiler. Deux mille trois cents kilomètres de rails gelés et leurs souvenirs arrachés : la Roumanie communiste avait refermé ses portes sur leur passé.

De ce pays en pleine guerre froide, nul ne pouvait sortir. Les habitants étaient retenus prisonniers.

Alors, sur ce départ, ma famille s'est raconté une histoire. Une histoire faite d'argent, bien sûr, mais aussi d'un étrange passeur, à la fois homme d'affaires et bienfaiteur.

Dans les années 1980, parut en France un livre qui avait fait grand bruit à sa sortie aux États-Unis : les confessions d'un général deux étoiles, tête pensante de la Securitate, la police politique roumaine sous l'ère communiste. Le militaire détaillait l'extravagante dérive du régime. Et, entre autres folies, racontait comment la Roumanie vendait ses juifs depuis des décennies. Elle avait commencé par les troquer contre du bétail, des veaux, des vaches, des poulets, des moutons et, surtout, des cochons. Elle avait fini par les facturer en dollars, au point que Nicolae Ceauşescu, dictateur roumain, dirait un jour : « Les juifs et le pétrole sont nos meilleurs produits d'exportation. » Harry et Gabriela Deleanu n'ont pas entendu parler de ce livre. Ils n'ont rien vu, rien su, rien compris.

Puis le Mur est tombé, le bloc communiste et ses polices secrètes ont été démantelés. Peu à peu, les archives se sont ouvertes. Certains dossiers du renseignement extérieur roumain ont mis vingt-cinq ans à être déclassifiés. Un historien, Radu Ioanid, s'est alors plongé dans la mémoire administrative du régime. Il en a exhumé des livres de comptes, des bons de commande, des inventaires. Tout, de ce grand commerce de juifs, s'y trouvait minutieusement consigné. Des listes sont ainsi apparues au grand jour. On a découvert qui avait été vendu et pour combien. La valeur de chaque ressortissant juif était établie par écrit, convertie en animaux d'élevage d'abord, en billets verts ensuite.

Harry et Gabriela n'étaient déjà plus de ce monde. Ils n'ont pas vu leur nom sur ces listes. Je l'ai vu, moi. Il y figure en toutes lettres. Le nom de mes grands-parents. Le nom de ma mère. Le nom de ma tante. Flanqués de mon arrière-grand-mère, ils formaient un lot de cinq personnes. Ils ont été mis à prix et monnayés contre des bestiaux, « des bêtes à haut rendement », précise un fonctionnaire.

La vérité sur leur liberté.

Leur pays sur la carte

J'AI BIEN CONNU HARRY et Gabriela. Après leur arrivée, ils n'ont plus quitté Paris où je suis la première de la famille à être née. J'allais dormir chez eux le samedi soir, dans un modeste appartement de la porte de Bagnolet, quartier populaire et délaissé. Ils avaient été des gens importants. Cela ne se voyait pas. Il fallait les croire sur parole, et je les croyais. Le papier peint défraîchi en disait long sur leur déclassement. Mais moi, enfant, je ne le percevais pas vraiment. Je comptais plutôt les tapis ouvragés, les napperons brodés et les assiettes peintes qui décoraient ces tristes murs du XXe arrondissement. La voilà, pour moi, la Roumanie : une multitude d'assiettes accrochées au mur.

Je savais qu'ils étaient juifs, mes grands-parents. Je savais aussi qu'ils n'y accordaient aucune importance, qu'ils ne portaient même plus de nom juif. On m'a souvent posé la question de leur sort pendant la guerre. Je m'en tenais à ce qu'ils racontaient volontiers. Ils ne semblaient pas avoir vécu *la* guerre elle-même. Disons plutôt qu'ils avaient vécu *pendant* la guerre et qu'elle leur paraissait lointaine. La franche horreur se situait ailleurs, dans cet exil forcé de 1961, ce voyage si terrorisant de Bucarest à Paris, vécu par ma mère lorsqu'elle avait quatorze ans. Ça, ça ne s'éloignait pas. À chaque fois qu'elle essayait de trouver des mots, ma mère s'effondrait. Moi, je reculais. Il était tellement plus plaisant de remonter le temps, d'égrener les souvenirs délavés de Harry et Gabriela ! J'en ai tiré une foule d'anecdotes épatantes. Une épopée du XXe siècle, une famille prise dans les revirements de l'Histoire. Et pas n'importe laquelle : une famille pleine d'éclat, jusqu'à la disgrâce, féroce, voulue par le Parti communiste.

Le fait d'être juif n'avait pas l'air d'avoir pesé sur leur destin. La rupture, la tragédie de leur vie tenait à autre chose, à leur départ. Mes grands-parents faisaient-ils exception ? Les juifs de Bucarest avaient-ils souffert ? Avaient-ils été marqués par la guerre ? Il me semblait que non. La Roumanie avait formé une sorte de zone blanche au cœur du conflit. Je ne saurais expliquer pourquoi, mais c'est ainsi que je me la représentais. Après tout, rien de notable ne semblait s'y être déroulé. Pas de fronts ou de batailles mentionnés dans mes manuels scolaires, pas de camps d'extermination tristement célèbres, pas d'étoile jaune, pas de train pour la Pologne. Un territoire assez tranquille, étrangement oublié par les rouleaux compresseurs qui broyèrent le continent, entre 1939 et 1945. Bref, un pays où les juifs se fichaient tranquillement d'être juifs.

J'ai grandi avec un trou au milieu de l'Europe. Une nation informe que je savais à peine situer, une tache aux contours mouvants dans le grand bazar des républiques de l'Est : le théâtre d'un génocide dont mes grands-parents n'ont jamais parlé. Et j'ai grandi avec une mère si meurtrie par l'arrachement à la Roumanie que les sanglots empêchaient tout récit. Ses pleurs constituaient même une ligne de démarcation entre le présent et l'avant. Une herse, à l'instar de celle qui divisa l'Europe en deux blocs ennemis, l'Est dont elle fut et l'Ouest dont je suis. Tout était brouillé dans cet héritage immigré, profondément désorienté dans l'espace et dans le temps. Ainsi ai-je vécu avec ces deux inconnus que sont l'ailleurs et le passé. Longtemps, j'ai été incapable de retenir une chronologie, de cerner les époques et de tracer une frontière. Les cartes et les dates, mon grand brouillon intérieur.

Ce qui s'est passé est pourtant très clair et parfaitement localisé. Encore fallait-il pouvoir se retourner. Encore fallait-il pouvoir y retourner.

En Roumanie, ceux qui ne voulaient pas être juifs furent forcés de l'être et, si ce qu'ils subirent demeure si méconnu, c'est qu'on les a poussés à oublier avec quelle haine ils ont été pourchassés. Ce grand effacement a même constitué le socle du nouveau monde auquel mes grands-parents ont tout donné : le régime communiste.

Ça ne m'a jamais intéressée d'être juive. Ça n'a jamais intéressé ma grand-mère, non plus. Elle était la femme la plus orgueilleuse que j'ai connue – pas du genre à se laisser assigner une identité. Seulement, il y a son nom et celui de mon grand-père sur la liste. Une liste de juifs. Une liste qui révèle la traite massive d'êtres humains en plein cœur de l'Europe, quinze ans après la guerre. Leur nom sur la liste m'oblige à remettre leur pays sur la carte. À refaire le voyage à l'envers, à aller de l'autre côté du Mur chercher ce qui a été subi sans être admis, ce qui, à ma famille et au monde entier, a été caché.

Les juifs

Les oncles

MA GRAND-MÈRE n'aimait pas son nom. Qu'il fût typiquement juif ne lui posait aucun problème. Simplement, ce n'était pas le nom qui lui était dû. À l'école, puis à l'université, partout en société et depuis toute petite, Gabriela feignait de s'appeler Sanielevici. Ce nom, juif aussi, était celui d'une famille d'intellectuels de haute volée, comptant mathématiciens, banquiers, gouverneurs, chercheurs, critiques littéraires et peintres renommés en Roumanie. Malheureusement, elle ne pouvait pas s'appeler Gabriela Sanielevici, car les éminents membres du clan Sanielevici étaient tous des hommes et aucun d'eux n'était son père. Sept oncles illustres, mais un piteux géniteur.

La mère de Gabriela évoquait toujours ses frères en ajoutant : « Sept et tous à l'Académie ! » Elle se trouvait être la seule fille de cette glorieuse fratrie et la seule qui n'eût pas de destin honorable. En outre, elle avait commis l'erreur d'épouser un certain monsieur Spitzer, acteur et chanteur d'opérette, membre d'une troupe assez réputée, noceur invétéré, infidèle et perpétuellement endetté. Par son mariage, la mère de Gabriela avait renoncé au patronyme prestigieux des Sanielevici et était devenue une madame Spitzer. L'unique enfant du couple – ma grand-mère – naquit donc Spitzer, en 1912. Et fut la seule de ses nombreux cousins à ne pas recevoir le fameux nom en héritage. Une tache sur son identité, d'autant plus honteuse que ses parents divorcèrent rapidement et que la jeune Gabriela fut élevée par une mère célibataire, aigrie et démunie. Parmi les oncles enrichis, il y en aurait toujours un pour veiller aux besoins de cette nièce privée de père et de situation, mais Gabriela dut serrer les dents. En grandissant, elle afficherait un mépris insolent pour l'argent. En revanche, ne pas porter le nom des artistes et savants de la famille, elle ne s'y résignerait jamais.

Durant toute mon enfance, j'ai entendu évoqué par Gabriela cet olympe de l'intelligence dont sa mère serait accidentellement tombée. Les oncles, par ordre d'apparition : Simon Sanielevici, mathématicien, élève de Raymond Poincaré à Paris, professeur à l'université de Bucarest, académicien. Henric Sanielevici, critique littéraire adulé, directeur de revue, spécialiste des mythes et des religions, anthropologue autodidacte controversé mais néanmoins influent. Iosif Sanielevici, président de la chambre de commerce puis sénateur de Kichinev. Solomon Sanielevici, peintre, formé aux Beaux-Arts de Munich, proche de l'école de Barbizon, invité à l'Exposition universelle de Paris ; à sa mort, lors de la Première Guerre mondiale, ses toiles entrèrent au musée de Bucarest. Jack Sanielevici, professeur de mathématiques, mourut prématurément lui aussi. Maximilian Sanielevici, mathématicien, économiste, directeur de compagnies d'assurance, rédacteur des premières lois qui encadrèrent ce métier en Roumanie. Emil Sanielevici, biologiste et zoologiste, auteur du manuel de sciences naturelles utilisé dans toutes les écoles ; ses cours particuliers étaient le passage obligé du concours d'entrée en médecine.

La mère de Gabriela se prénommait Roza. Une fois son divorce prononcé, elle s'acharna à redevenir une Sanielevici à part entière, question d'honneur. Roza procéda à un effacement maniaque des traces de son ex-mari Spitzer, brûla les papiers qui portaient le nom honni, décrocha les portraits, escamota les photos. L'homme disparut des conversations, on perdit sa trace. Il ressurgirait une seule fois, après la guerre, pour réclamer de l'argent à sa fille. Spitzer fut chassé, oublié à jamais. Néanmoins, son sale nom colla longtemps à l'état civil de ma grand-mère. Pire, le bonhomme avait pavané toute sa carrière sous un nom de scène, un élégant pseudonyme. Gabriela, elle, était condamnée à assumer le patronyme bien réel de sa médiocrité.

Ma grand-mère avait pourtant tout d'une Sanielevici, à commencer par un ego démesuré, fierté blessée par le refus de cette glorieuse identité. Gabriela brillait. Jeune, elle était si séduisante, si courtisée, si jalousée, si pétrie de littérature, si douée pour la musique et les langues étrangères, maniant l'allemand depuis l'école élémentaire, embrassant le français avec tant de talent, si férue de randonnées et, c'était rare à l'époque, si bonne skieuse. C'était ce qu'elle racontait. Gabriela par Gabriela, la vanité faite femme.

Il demeure des traces de ce complexe de supériorité, colonne vertébrale des Sanielevici, chez ma mère, Marina. Un petit quelque chose qui suggère « n'oublie jamais d'où l'on vient » ; une haute idée du savoir et de la culture, une manière délicatement assassine de juger autrui.

Le petit Paris

GABRIELA EST MORTE lorsque j'avais seize ans. Elle m'a donné, durant mes années de collège, des leçons d'allemand et de piano. Mon plaisir à manier la grammaire germanique enchantait la vieille dame qui se vantait de n'avoir rien perdu de son usage. Quant à ma nullité en musique, elle devait rassurer ses doigts arthrosés qui, depuis si longtemps, n'approchaient plus le clavier. Face à moi, elle faisait encore illusion. Ça comptait pour elle… Gabriela Deleanu avait été quelqu'un, il en restait quelque chose.

Son mari parlait peu. Les souvenirs, c'est elle qui s'en chargeait. Elle ne se faisait pas prier. Pourtant, si elle disait beaucoup, elle racontait peu. À sa manière, ma grand-mère façonnait l'opacité de leur passé. D'un côté, elle nourrissait un mythe, de l'autre, elle aplatissait les drames. Le mythe, toujours le même : l'âge d'or des années 1930 à

Bucarest. Les drames, ils viendraient après, avec la Seconde Guerre mondiale, avec cette épopée communiste qui finirait par se retourner contre mes grands-parents, avec l'émigration forcée. Que de fatalités ! Il avait bien fallu s'anesthésier. Là, le ton changeait. Les mots étaient prononcés avec distance et indifférence. Ils se mettaient d'ailleurs à sonner si creux que rien de ce que ma famille a vécu ne m'a jamais paru bien grave.

La jeunesse étincelante de Gabriela, en revanche, on y avait droit, avec emphase et trépidation : sa famille remarquable, sa ville pimpante, Bucarest, dite le « petit Paris des Balkans » dans l'entre-deux-guerres. Ma grand-mère se targuait de trouver dans les librairies les romans français « le lendemain de leur sortie à Saint-Germain-des-Prés ». Il est vrai que la capitale roumaine ne manquait pas de panache. Depuis le XIXe siècle, la Roumanie était une monarchie parlementaire. Monarchie qui, au commencement, ne s'était pas trouvé de roi. Elle avait offert son trône à la branche cadette d'une prestigieuse dynastie allemande, les Hohenzollern-Sigmaringen. Ces princes-là administrèrent leur nouvelle patrie, tout en conservant d'intenses relations avec Berlin, Londres et Paris. En outre, la Roumanie sortit triomphante de la Première Guerre mondiale. Elle fut choyée par le traité de

Versailles qui, en 1919, annexa au Vieux Royaume plusieurs grandes régions frontalières.

Cette expansion territoriale phénoménale décupla la fierté nationale. Elle posait pourtant les bases de la déflagration à venir. Les nouveaux territoires étaient peuplés d'immenses communautés juives. Ainsi, la population juive doubla-t-elle en Roumanie du jour au lendemain pour devenir, avec près de sept cent cinquante mille âmes, la troisième communauté d'Europe. Voilà qui allait revigorer une vieille psychose populaire et nourrir les prémices d'un antisémitisme politique. Toujours le même levier, la peur d'être dilué. Mais, durant les jeunes années de Gabriela, qui mesurait le danger ? Ces provinces dédaignées semblaient lointaines et archaïques... Alors qu'à Bucarest, avenues magnifiques et hôtels particuliers côtoyaient des théâtres et des salles de concert toujours bondés. La vie culturelle témoignait d'une incroyable intensité et, surtout, d'une formidable ouverture.

Mes grands-parents, pourtant élevés dans des milieux très différents, ont effectué tous leurs apprentissages en allemand. Comme tant de Roumains éduqués, ils parlaient le français. Les kiosques à journaux débordaient de revues, dont certaines chroniquaient, au jour le jour, l'actualité politique parisienne. À travers ses instituts et ses prodigieux opéras, l'Allemagne cherchait à rayonner autant que la France. Toutes les grandes puissances voulaient placer la Roumanie sous leur coupe.

Gabriela ne sentait rien venir. L'Europe lui tendait les bras. Ma grand-mère atteignit la majorité à l'orée des années 1930. Elle s'inscrivit au jeu-concours d'un magazine qui lui fit gagner des séjours en Pologne et en Italie. Elle voyagea aussi avec son oncle et sa tante, Emmanoil et Liza Socor. Ensemble, ils rendirent visite au fils de ces derniers, le cousin Matei, qui avait le même âge que Gabriela et se trouvait à Berlin. Les deux jeunes gens, complices depuis l'enfance, avaient en commun l'amour de la musique et la fierté d'appartenir à une brillante famille. Quant à l'oncle Emmanoil, homme solaire et expansif, avocat, patron de presse et militant antifasciste de la première heure, il comblait la place laissée vacante par le père de Gabriela. À Berlin, les deux cousins, déjà bons pianistes, s'amusèrent follement à essayer des Bechstein. Portant le sigle d'un prestigieux facteur berlinois, ces instruments offraient une mécanique de haute précision et un toucher incomparablement puissant.

Aussi l'oncle Emmanoil commanda-t-il deux demi-queues, un pour son fils et un pour sa nièce bien-aimée. Des cadeaux, voilà tout. C'est ainsi que, dans la famille de ma grand-mère, on démarrait dans la vie : avec un piano chacun ! Cela avait du bon. Gabriela allait poursuivre sur la voie musicale, en étudiant, puis en enseignant au Conservatoire de Bucarest. Le cousin Matei Socor deviendrait, lui, un chef d'orchestre porté aux nues par le régime, compositeur de l'hymne national roumain, directeur de la radio nationale et de l'union des compositeurs. Un communiste de la première heure.

La synagogue

GABRIELA FIT AUSSI des études de lettres. Juive, elle n'était pas la bienvenue à la faculté, mais elle prétendait avoir défié – au culot et d'un simple regard ! – le président de l'Union des étudiants qui aurait voulu la chasser. Elle faisait de cette outrecuidance une petite fierté. La suffisance de Gabriela, les biais de sa mémoire… En 1933, elle rencontra Harry, mon grand-père, dans un train pour Paris. Il aurait négligé de soulever sa valise jusqu'au rack à bagages. Se pouvait-il qu'il ne l'eût même pas remarquée ? Cela ne lui était jamais arrivé. Elle s'en montra fort piquée. Gabriela eut raison d'entamer la conversation. Ce presque trentenaire à la peau brune et au visage généreux avait tant à raconter. Son étonnant prénom américain, d'abord ! Il s'appelait Harry. Sa naissance au Texas. Son périple en Italie, ensuite. Il avait effectué ses classes d'ingénieur à Pavie, à Bologne, puis à Rome où il était diplômé de l'école polytechnique de l'université de la Sapienza. Enfin, il avait rejoint les mines de Sardaigne pour sa première affectation. Souvenirs enchanteurs.

Gabriela voulut tout savoir : les amis pour la vie que Harry s'était fait à Rome, l'ascension de Benito Mussolini, ses camarades revêtant la chemise brune et marchant en colonnes sur la capitale. L'Italie d'alors était relativement peu antisémite. Les discours du Duce ne visaient pas les juifs. Harry avait-il commencé son récit en expliquant qu'il n'avait pas d'autre choix que de partir à l'étranger, car aucune grande école n'aurait voulu d'un étudiant juif à Bucarest ? Lui posa-t-elle la question ? Prit-il la peine de le préciser ? Raconta-t-il son retour en Roumanie, son service militaire pavé d'humiliations pour le jeune homme juif qu'il était ? Ou bien tout cela se passa-t-il de mots entre eux ? Comme mes grands-parents s'en sont toujours passés en s'adressant à moi, enfant. Mon grand-père avait adoré l'Italie. Il aurait même voulu y vivre. Il parlait mieux l'italien que le français. Arrivé en France, il s'empressa de rendre visite à ses camarades de promotion, anciens émules des jeunesses fascistes. Aucune ombre au tableau. Lui-même avait tant aimé porter l'uniforme roumain. Il s'était montré si doué pour les choses de l'armée.

Le mot « juif » n'était jamais accolé aux récits de Harry, ni à ceux de Gabriela. Ni le mot, ni ce qu'il impliquait.

Lors de mon premier voyage en Roumanie – j'étais déjà adulte –, je suis tombée des nues en comprenant que l'Italie n'était pas seulement une tocade, mais un refuge pour un étudiant privé d'université en son propre pays. Le même jour, je découvris des tombes Sanielevici, aïeux de ma grand-mère, dans le carré juif d'un cimetière de Bucarest. Rien ne m'avait jamais été caché. Je n'ignorais pas ses origines juives, mais je ne comprenais pas. Je ne comprenais pas ce que ces sépultures pouvaient bien faire là. Ne m'avait-on pas raconté qu'aux noces de Gabriela et Harry, en 1935, la mère du marié, d'origine modeste, avait supplié un passage par la synagogue, un dernier rite pour bénir son fils unique ? Que Gabriela y avait consenti, traitant l'affaire avec mépris, mais que ses oncles Sanielevici s'étaient tenus ostensiblement à l'extérieur de l'enceinte religieuse ? Ils ne voulaient rien avoir à faire avec le judaïsme. Des tombes dans un carré juif ? Et puis quoi encore ? « Nous » n'avions rien à faire, jamais, avec le judaïsme.

Gabriela en était encore plus convaincue que les autres. Au moment de leur mariage, son mari s'appelait Greenberg, un nom plus juif que juif. Peu importait à ma grand-mère. Elle prit ce nouveau nom avec empressement, tant elle avait hâte d'effacer celui de son père. Elle avait vingt-trois ans, des projets d'avenir et des amis en quantité. Sa vie de jeune épousée s'annonçait pleine de virées et de sommets enneigés. Elle s'était juré de mettre ce pataud de Harry sur des skis.

L'archange

IL PASSAIT POUR AVOIR traversé les villages miséreux du Vieux Royaume juché sur un cheval blanc, lui-même habillé de blanc comme les paysans, portant le gilet brodé traditionnel, sa foi en bandoulière et préférant les paroles du Christ à de longs discours. Il était né catholique dans des provinces autrefois germaniques, il se fit orthodoxe et roumanisa son nom. Codreanu signifie « qui vient de la forêt ». Il sentit monter en lui les forces telluriques de la Roumanie profonde. Il défendrait cette terre contre les élites qui l'affamaient, les étrangers qui la menaçaient, les juifs qui la rongeaient. Il chasserait le peuple déicide avec lequel pactisait ce roi impuissant et corrompu. Sa majesté Carol II avait osé répudier la reine pour une maîtresse juive que les Roumains vomissaient. L'entourage du Palais ne s'enrichissait pas, il se goinfrait. Corneliu Codreanu pesait chacun de ses mots. Jamais on n'avait vu tribun plus silencieux, plus mystique, plus dangereux. Physiquement, le jeune homme n'avait rien d'un Benito Mussolini ou d'un Adolf Hitler. Il frappait par sa beauté. Sa tranquille impénétrabilité magnétisait les foules.

Gabriela était encore lycéenne, Harry étudiant, lorsque Codreanu, déjà militant dans les années 1920 aux côtés des nationalistes chrétiens, tua par balle un préfet. Il fut finalement acquitté et, après son procès, célébra son mariage acclamé par des milliers de Roumains spontanément réunis en cortège. Événement si spectaculaire que le roi fit interdire le film d'actualités qui en témoignait. Mais Corneliu Codreanu savait que le peuple lui était acquis. Il fonda la Légion de l'archange Michel en 1927. Une foule d'hommes, souvent très jeunes, défilèrent bientôt dans les rues de Bucarest, rangés en faisceau, vêtus de chemise verte, prêtant allégeance à l'Église, jurant la mort du parlementarisme et réclamant que les juifs soient traqués dans les moindres recoins du pays. La Légion devint un mouvement politique de masse et se rebaptisa « la Garde de fer ».

Avocat et juif complètement assimilé, le grand écrivain Mihail Sebastian avait le même âge que mes grands-parents. Comme eux, il résidait à Bucarest. Il tirait le diable par la queue mais son aura et sa plume talentueuse lui offraient déjà l'accès à des cercles plus mondains que ceux de Harry et Gabriela. Toutefois, tous trois férus de montagne et de sports d'hiver, mélomanes écumant les premières de concert, comptaient plusieurs connaissances communes. À la fin de la guerre, Mihail Sebastian s'apprêtait comme mes grands-parents à embrasser le Parti communiste, lorsqu'il mourut renversé par une voiture. Depuis dix ans, il tenait son journal, chronique fiévreuse d'une ville engloutie par la haine antisémite. Le texte est devenu un best-seller mondial. Son récit tranche diamétralement avec celui de mes grands-parents. Eux se sont attachés à esquiver la souffrance de ces années-là. Lui écrit dès avril 1935 : « J'ai vu des choses atroces dans la rue. » Au mois de juin : « désordre et tabassage antisémite au tribunal » ; plus loin : « Nous allons peut-être vers un pogrom organisé. [...] Hier soir, rue Gabroveni, un climat de siège. Les commerçants juifs avaient baissé les rideaux de fer et attendaient les agresseurs de pied ferme, résolus à résister. Je pense qu'il n'y a rien d'autre à faire. Si nous devons crever, que ce soit du moins en nous battant. » Lecture tout simplement ahurissante pour la petite-fille de Harry et Gabriela que je suis. Il s'agit bien du Bucarest de mes grands-parents, l'envers du décor en prime.

En décembre 1937, l'écrivain consigne, effaré, le résultat des élections législatives en Roumanie. La percée des fascistes se révèle spectaculaire. Sebastian la compare à celle des nazis allemands. Le roi de Roumanie réagit. Pour couper l'herbe sous le pied des légionnaires, il nomma un gouvernement ultranationaliste et conservateur. Celui-ci s'empressa d'adopter des lois antisémites calquées directement sur celles de Nuremberg. Un grand nombre de citoyens juifs perdirent d'emblée la nationalité roumaine. On purgea l'administration, l'encadrement industriel et l'enseignement des « non-Roumains de souche ». La Roumanie bascula. Sebastian relève que, pour la première fois, le vocabulaire de la presse d'extrême droite migre dans les discours officiels : « youpin, juiverie, domination de Judas et ainsi de suite ». L'écrivain s'inquiète de perdre son emploi. Il n'imagine pas qu'on « tolère encore un juif à un poste culturel, fût-il aussi effacé que le [sien] ». Et ma grand-mère ? Commençait-elle à trembler ? Redoutait-elle de se retrouver sans travail ?

Très vite, les légionnaires comptèrent des camps d'entraînement – cent soixante-dix répartis dans le pays – et disposèrent de soutiens dans l'armée, la magistrature, les universités... On craignait un putsch. Le peuple roumain l'aurait-il vu d'un mauvais œil ? Les langues se déliaient. Une amie de

Mihail Sebastian se déchaîna devant lui : « Elle tempêtait contre les juifs ventrus et leurs grosses juives pleines de bijoux, en voulant bien excepter toutefois une centaine de milliers de juifs convenables, dont je suis probablement, puisque je n'ai ni ventre ni grosse juive. »

Ainsi l'étau, en cette fin des années 1930, se resserrait-il autour de mes grands-parents. Ils ne pouvaient pas ne pas comprendre et ne pas subir ce genre d'humiliations. Que faire ? Se réfugier dans les livres ? Chercher un sens à la crasse devenue réalité ? Suivre la boussole familiale : le savoir ? S'en remettre aux intellectuels ? C'était sans compter la dérive extrémiste des figures les plus admirées de Bucarest, ainsi que l'a révélé l'historienne Alexandra Laignel-Lavastine. Le dramaturge Eugène Ionesco se ferait dépêcher comme conseiller culturel à Vichy, où la Roumanie fasciste était diplomatiquement représentée auprès du maréchal Pétain. Quant au philosophe Emil Cioran et au grand historien des religions, Mircea Eliade, ils ne cachaient rien de leur admiration pour Hitler ni de leur haine féroce des juifs. Eliade assistait à l'université le théoricien du mouvement légionnaire. Les cours du grand homme passaient pour si brillants que même Mihail Sebastian, juif, s'y précipitait. Il finit toutefois par renoncer face à un antisémitisme aussi viscéral.

Le putsch légionnaire n'eut pas lieu. Le roi reprit le pouvoir et opta pour une solution radicale : il fit assassiner Corneliu Codreanu, le messager de Dieu sur Terre. Cioran, suppôt, pour ne pas dire adorateur de Codreanu, lui composa un hommage radiophonique, litanie de formules fanatiques. Mes grands-parents possédaient un poste, j'en suis sûre : Gabriela la mélomane était insomniaque, elle passait ses nuits à écouter des enregistrements de concerts. La radio était-elle allumée ce jour-là ? Entendirent-ils ce délire extatique ? Éprouvèrent-ils de l'effroi pour la première fois ? Dans son miteux appartement, toujours attelé à son journal, Mihail Sebastian écrit alors : « Stupeur et calme. Une sorte de calme figé. J'ai l'impression que personne ne s'est remis de l'effarement initial. Il serait logique que cette peur muette débouche sur de l'antisémitisme. C'est une soupape de sûreté. Il n'est pas impossible que le gouvernement l'ouvre lui-même. Il se pourrait que ce soit encore nous qui payions. » La peur s'emparait des juifs.

Mes grands-parents avaient décidé d'aller de l'avant. Ils louèrent un petit appartement en centre-ville, où les amis se rendaient en pagaille. Harry décrocha son premier poste d'ingénieur en chef à l'usine Gallia. Son patron, M. Durand, était français. Gabriela se ferait fort de lui présenter ses compliments dans la langue. Elle voulait se distinguer. Mon grand-père aima tout de suite prendre les choses en main, il se plut à diriger des hommes. Il était populaire auprès de ses ouvriers. Ma grand-mère sentait une épaule forte sur laquelle s'appuyer. Cela lui suffisait pour avoir l'impression d'être en sécurité. Harry et Gabriela Greenberg s'obstinaient à ne pas sentir la mort rôder. Cette fois, elle allait venir les chercher.

Le défouloir

EN 1940, LA ROUMANIE, en proie à un immense désordre, subit la pire des humiliations. Les belles provinces qui lui avaient été rattachées à l'issue de la Première Guerre mondiale lui furent brutalement retirées par le pacte germano-soviétique. Ces territoires, largement peuplés de juifs, allaient donc passer aux mains des Russes. Et cela, on ne le pardonnerait pas aux juifs, traités de vermine invasive d'abord, de traîtres par la suite. Les youpins et les rouges allaient pactiser, c'était certain. L'exaspération nationaliste n'avait alors d'égal que la détestation du « judéo-bolchevisme ». La nation semblait menacée de désintégration. La psychose battait son plein. En se retirant des régions de l'Est, l'armée roumaine spolia et assassina nombre de juifs sur son passage. Défouloir, vengeance. Cela ne faisait que commencer.

À Bucarest, le roi Carol II finit par confier le pouvoir, en septembre 1940, au maréchal Ion

Antonescu qui, en retour, chassa le monarque. Le militaire installa sur le trône son dauphin, un petit roi qui n'avait même pas vingt ans, et instaura un régime totalitaire antisémite. Ainsi la Roumanie entra-t-elle en guerre aux côtés de Hitler. Les juifs subirent alors une discrimination sauvage : privés de tout, interdits partout. Exclue du lycée où elle enseignait le français, Gabriela ne toucha plus un sou. Elle apprit à coudre et donna des leçons de couture pour subsister et aussi, sans doute, pour ne pas sombrer. Déterminée et inventive, elle continuerait toute sa vie à confectionner robes et manteaux pour ses filles et ses petites-filles. Harry réussit, lui, à se maintenir en poste à l'usine Gallia. Il bénéficia probablement du statut de « travailleur indispensable à la vie économique du pays ». Avec sa femme et sa belle-mère, Roza, ils vécurent à trois sur ce salaire providentiel, quand nombre de juifs furent précipités dans la pauvreté.

En revanche, Harry Greenberg se vit écarté de l'armée, affecté à des tâches d'« utilité publique » telles que, l'hiver, le déblaiement des rues de Bucarest. La neige s'y pétrifiait en mètres cubes de glace sale et hostile. Tout cela, sous le regard indifférent, voire les insultes des passants. Pour un homme de trente-cinq ans, gradé lors de son service militaire et ingénieur diplômé, le travail se révéla aussi humiliant que harassant. Il supposait de tenir des heures avec un racloir par des températures extrêmes. Pour s'y soustraire, Harry aurait dû s'acquitter de taxes exorbitantes. Sinon, il risquait l'internement. Dans son journal, Mihail Sebastian dépeint les convocations militaires à répétition, l'attente sans fin et les corvées infligées aux hommes juifs. Il connut exactement les mêmes que mon grand-père. L'écrivain recense aussi les charges, les tributs et les impôts spécialement imputés aux juifs de la capitale qui, écrasés de dettes, ne savaient plus où trouver l'argent. Les juifs furent toujours davantage soumis au rationnement que les « Roumains de sang ».

Quant à la Garde de fer, elle avait entretenu le chaos qui permit au maréchal Antonescu de renverser le pouvoir. Aussi les légionnaires entrèrent-ils avec lui au gouvernement. Feu Codreanu, le « Capitaine » exécuté du temps du roi, avait été élevé au rang de martyr. En novembre 1940, les milices réclamèrent des représailles. Leur nouveau leader ferma les yeux. Ils se déchaînèrent une première fois dans la capitale. Deux cents escadrons, assoiffés de violence, lâchés dans Bucarest, firent régner la terreur. Ils s'acharnèrent sur les juifs. Pour couronner ce sinistre défouloir, la dépouille de Codreanu fut officiellement déterrée et déposée dans une crypte. On organisa des funérailles d'État. La journaliste américaine Rosie Waldeck, dépêchée en Roumanie, assista à la cérémonie. Elle raconta le faste, les fleurs blanches à profusion, la procession sans fin, toutes les puissances de l'Axe prosternées et unies, pour la dernière fois.

Qui à Bucarest pouvait ignorer cette extravagante mise en scène du culte fasciste ? J'aurais voulu l'entendre de la bouche de mes grands-parents. Obtenir une bribe, ne serait-ce qu'une bribe, de ce qu'ils avaient ressenti face à une telle démonstration de force, une telle légitimation de la rage antisémite. J'ai entendu parler un peu, enfant, de la Garde de fer, de sa révolte, de la rafle de mon grand-père. Mais les mots étaient lisses. Les mots étaient vides. Les mots étaient prononcés d'un ton détaché. Ils plantaient le décor sans autre émotion. Une anecdote de plus. Sans plus. Mes grands-parents ont tout vécu, presque tout dit, mais c'est comme s'ils n'avaient rien senti.

L'abattoir

LE 9 JANVIER 1941, l'exclamation « Le juif est un genre de scorpion : il n'aura de cesse de te dévorer vivant, chrétien ! » barrait la une de *Porunca Vremii*, le quotidien d'extrême droite vendu dans tous les kiosques de Bucarest. La semaine suivante, *Cuvântul*, une revue animée par des universitaires, exigeait « la purification raciale du peuple roumain : une question de vie ou de mort ». La diabolisation du juif, sa représentation sous forme de parasite ou encore l'obsession du complot juif n'étaient plus l'apanage de la presse fasciste. Depuis le rapprochement avec l'Allemagne nazie, même dans les pages des revues littéraires auxquelles était abonnée ma grand-mère, on réclamait d'en finir avec « le problème juif ». La presse roumaine à l'unisson, l'opinion était parfaitement préparée à l'explosion de haine qui allait ravager Bucarest du 21 au 23 janvier 1941 et précipiter mon grand-père à l'épicentre de la sauvagerie.

Aux commandes depuis quelques mois, le maréchal Antonescu voulait se débarrasser de ses alliés, les légionnaires dont la violence devenait incontrôlable. Les Gardes de fer saccageaient et molestaient à tout-va. Antonescu était un homme d'ordre et Hitler lui avait donné un blanc-seing pour faire le ménage dans son entourage. Sacrifiés sur l'autel du pouvoir, les légionnaires se rebellèrent et se livrèrent à un pogrom d'une barbarie inédite à Bucarest. Ils volèrent, brûlèrent, violèrent, tuèrent « dans un état de folie indescriptible, totalement déconnectés du moindre motif personnel. Un jeune garçon en chemise verte a été aperçu sur l'avenue de la Victoire en train de décharger son fusil sur les passants en riant », rapporta la journaliste Rosie Waldeck. Les troupes légionnaires sillonnaient la ville « entourées de civils de tous âges et de tous milieux, des lycéens, des étudiants, des fonctionnaires, des commerçants… qui prêtèrent main-forte. Dans chaque quartier, les voisins désignèrent les logements habités par des juifs, précise un autre témoin des événements, Serge Moscovici, le grand psychologue lui-même rescapé du pogrom. Les juifs furent arrêtés par centaines, emmenés et torturés à la préfecture de police. Parmi eux, on expédia un contingent dans la forêt de Jilava. Des hommes et des femmes, soigneusement déshabillés, puis criblés de balles dans la neige. On entassa un autre groupe dans un camion, une quinzaine d'individus piochés au hasard. Harry Greenberg, mon grand-père, faisait partie des quinze. Direction les abattoirs de Bucarest. Une balle dans la nuque. Une poignée d'agonisants, dont une fillette, furent ensuite pendus aux crocs de boucher qui cernaient le lieu. Les cadavres, éviscérés par les légionnaires, tripes à l'air, furent affublés de pancartes sur lesquelles était inscrit « casher ».

Mon grand-père en réchappa *in extremis*. Très apprécié de ses ouvriers, il avait été pisté par l'un d'entre eux qui plaida sa cause auprès des insurgés, brandissant son statut de « travailleur utile ». C'est ainsi qu'il avait pu l'arracher à son exécution, le ramener à l'usine Gallia et le cacher jusqu'à la fin du soulèvement. Entre-temps, le maréchal Antonescu était parvenu à écraser l'insurrection. L'abattoir fut fermé pendant une semaine, le temps de nettoyer les traces du carnage.

Mihail Sebastian resta terré durant toute la révolte légionnaire. « Il y a des gens comme moi qui ont passé la nuit séparés de leur famille et qui, le lendemain matin, n'ont plus retrouvé personne. Je revois, je revis, tout l'effroi de cette nuit-là », consigne-t-il les jours suivants. Et moi, j'entrevois la nuit qu'ont dû passer Gabriela et sa mère, Roza, n'osant pas quitter l'appartement de la strada

Lucaci, lumières éteintes, rideaux tirés, assaillies par les bruits de la chaussée en furie, sursautant à chaque hurlement qui déchirait l'obscurité, à chaque détonation qui faisait trembler la cage d'escalier. Elles n'ont pas dû échanger un mot, coupant la radio dont les insurgés avaient pris le contrôle, les yeux rivés sur le téléphone, vérifiant encore et encore que le combiné émettait bien un signal, implorant mentalement des nouvelles de Harry. Indescriptible attente.

À leurs filles, Harry et Gabriela ne racontèrent jamais ce qui s'était passé cette nuit-là. À moi si, sans en faire grand cas. Un enchaînement de faits, voilà. Arrêté, emmené, récupéré, caché, sauvé. Ce qui eut lieu à l'intérieur de l'abattoir, je ne l'ai lu que dans les livres d'histoire. Quatre-vingts ans après, je dispose ainsi de bien peu d'éléments pour reconstituer l'atrocité. Tant pis. Ce qui me saisit se situe ailleurs, dans la raison d'être de ce récit : je voudrais comprendre comment, dans la Roumanie des années 1960, un homme juif a pu être vendu contre du bétail. Je m'aperçois qu'il a été, avant cela, arraché aux abattoirs où il devait être dépecé comme une bête et ce, au cours d'un épisode que Mihail Sebastian qualifie dans son journal de « férocité bestiale ». Cela fait beaucoup de bêtes et de bestialité pour un même destin humain, celui de mon grand-père.

Le bel instrument

GABRIELA N'A JAMAIS prononcé le mot « pogrom ». Je ne l'ai pas entendu une seule fois dans sa bouche. Pour désigner l'épisode de janvier 1941, elle parlait de « révolte de la Garde de fer », ce qui n'est pas inexact d'un point de vue historique, mais qui ne dit pas, comme « pogrom », qu'on a voulu massacrer des juifs. Ni ce que cela fait d'être juif au beau milieu d'une ville qui massacre ses juifs. Ni que mes grands-parents se sont trouvés au cœur de la tourmente parce qu'ils étaient eux-mêmes juifs. Une révolte, donc.

De ces années troubles, mes grands-parents avaient préféré tirer une poignée d'anecdotes destinées à colorer les repas de famille. L'une d'entre elles revenait si souvent que j'avais fini par croire qu'elle résumait à elle seule toute la guerre. D'ailleurs, lorsqu'on me posait la question de ce qu'avaient vécu mes grands-parents roumains pendant la Shoah, je la racontais à mon tour. Crânement.

La guerre battait son plein lorsqu'un policier roumain vint inspecter le logement de mes grands-parents. Fouille réglementaire : la liste des équipements interdits aux juifs et des biens à leur confisquer ne cessait de s'allonger. Harry était parti travailler, Gabriela demeurait seule, réduite au silence face à cet officier entre deux âges qui pouvait tout vider, tout tripoter…

Le piano mangeait la moitié du petit salon. L'éclat de sa laque noire attirait plus que le regard, il aimantait la main. Le facteur de l'instrument avait frappé sa signature sur le cadre en fonte du demi-queue. Gabriela en était si fière qu'elle rabattait le pupitre afin que ses visiteurs aperçussent les nobles caractères émerger du meuble. Un Bechstein, un vrai ! Le flic ne put s'en empêcher, il s'installa au clavier. Gabriela cessa de respirer. Les doigts boudinés de l'amateur en uniforme balayèrent les précieuses touches. Elle se mordit les lèvres jusqu'au sang, mais ne parvint pas à contenir sa colère davantage. Elle lui claqua de toutes ses forces le couvercle sur les phalanges. L'officier hurla de douleur. La convocation au commissariat ne se fit pas attendre.

Harry Greenberg s'y rendit le lendemain, les poches bourrées de petites coupures, prêt à graisser la patte mélomane. Il s'en sortit finalement grâce à des trésors de rouerie. Il broda sur l'allemand parfait que parlait ma grand-mère, sur ses yeux verts et ses cheveux clairs, sur ce piano rapporté de Berlin, sur ces gens qui se croyaient tout permis... Il laissa planer l'équivoque. Et si son épouse était allemande ? Et si le policier roumain avait commis un impair ? La Roumanie avait prêté allégeance à la grande Allemagne, pas question de chercher des noises à ses ressortissants. L'officier se rétracta, l'affaire fut classée.

L'histoire est jolie. Je ne saurai jamais si elle est vraie. Qu'importe, elle dit ce que Harry et Gabriela voulaient nous dire : l'honneur de ma grand-mère et la hardiesse de son mari. Elle ne dit pas ce que l'un et l'autre risquaient : la mort.

La fierté

QUESTION DE DIGNITÉ, c'est ce que j'ai toujours entendu. Mes grands-parents ne changèrent pas de nom pendant la guerre. Ils auraient pourtant eu toutes les raisons de le faire, tant Greenberg criait leurs origines. Le psychanalyste Philippe Grimbert a écrit sur « le secret » de son enfance un splendide petit livre qui m'a fait entendre le nom de mes grands-parents pour la toute première fois. Le père de l'auteur s'appelait Grinberg et s'était, lui aussi, refusé à changer de nom entre 1939 et 1945. Il modifia son état civil longtemps après, francisant son patronyme. Grinberg devint Grimbert, débarrassé des deux consonnes, le « n » et le « g », qui en faisaient un nom typiquement juif. « Grinberg sera lavé de ces deux lettres porteuses de mort », conclut son fils devenu psychanalyste.

Notre « Greenberg » à nous, avec son « n » et son « g », était-il aussi porteur de mort ? Le père de Harry s'était d'abord appelé Grunberg, puis les aléas transformèrent Grunberg en Greenberg. Le père de l'écrivain-psychanalyste s'appelait, lui, Grinberg. Grunberg, Greenberg, Grinberg... variations sur un même nom. Je n'avais jamais songé qu'il fut si lourd à porter. On me l'a toujours présenté comme une insignifiance ou bien comme une fierté, puisqu'il n'était pas question d'en changer. Une fierté, encore une.

Durant la guerre en Roumanie, la communauté juive encourageait les conversions chrétiennes. Il fallait bien se mettre à l'abri. Certains Sanielevici, le clan de ma grand-mère, se sont d'ailleurs faits docilement chrétiens orthodoxes. Gabriela pestait : « On n'a jamais mis les pieds à la synagogue. Pourquoi irions-nous à l'église ? » Elle n'avait que dédain pour la bigoterie en général et pour ces crises de foi opportunistes en particulier. On ne courbe pas l'échine. On ne change pas de nom face à l'oppresseur qui vous désigne comme juif. On sait qui on est.

Le 17 décembre 1941, sous le régime de la terreur, Mihail Sebastian relève : « Quelque part dans une île d'ombre et de soleil, en pleine paix, en pleine sécurité, en plein bonheur, il me serait indifférent d'être juif. Mais ici, maintenant, je ne peux pas être autre chose. Et je pense que je ne veux pas l'être. » Il en allait de même pour Gabriela et elle tenait à me le faire bien comprendre quand j'étais petite. La guerre fut la seule période où elle aurait eu honte de chercher « à ne pas l'être ». C'eût été céder à l'ennemi, donner raison à la barbarie. Entre 1939 et 1945, elle s'était sentie juive. Elle avait assumé, tête haute. Avant, après, indifférence totale. De cette indifférence, j'ai hérité et me suis longtemps contentée.

Les Roumains

BEAUCOUP DE FIERTÉ, bien peu de malheur, finalement. Heureux comme un juif à Bucarest avant guerre, libre de préférer l'Italie. Heureux comme un juif à Bucarest pendant la guerre, libre d'arborer ses origines. L'étoile jaune n'y fut d'ailleurs pas portée. Si j'en crois mes grands-parents, à quelques restrictions et débordements près, la capitale semblait loin des atrocités. Ils traversèrent les événements sans vraiment se sentir menacés. Les travaux d'historiens disent tout l'inverse, pourtant. La Roumanie fut le premier bras armé des nazis, à l'Est, et leur alliée la plus zélée. « Aucun pays, Allemagne exceptée, ne participa aussi massivement au meurtre des juifs [...] La façon dont les Roumains menaient leurs opérations [de tuerie] évoque des scènes dont on ne trouve aucun équivalent dans l'Europe de l'Axe », insiste Raul Hilberg dans *La Destruction des juifs d'Europe*. Mais il est vrai, pas à Bucarest.

Une fois écrasée la rébellion de la Garde de fer, la fureur se déplaça vers Iasi, grande ville universitaire du nord-est de la Roumanie. Si ce n'est qu'en cette fin juin 1941, le pogrom d'une ampleur et d'une sauvagerie inouïes, rendu célèbre par Malaparte dans *Kaputt*, sera orchestré au plus haut niveau de l'État roumain. Fini les poussées de fièvres légionnaires, le Maréchal voulait mettre en œuvre une politique globale de « purification ethnique ». Il s'agissait une bonne fois pour toutes de « nettoyer l'arrière ».

C'est ainsi que plus de treize mille juifs – hommes, femmes et enfants – furent assassinés en moins d'une semaine à Iasi. Point de nazis, ici. De ce carnage à grande échelle, les Roumains se chargèrent seuls : les juifs de la ville furent raflés, torturés, détroussés, abattus par familles entières sur les trottoirs ou fusillés en masse dans l'immense cour de la préfecture. Ceux qui en réchappèrent furent enfermés dans deux trains de marchandises dont les wagons ne laissaient passer ni l'air ni la lumière, sous un soleil de plomb, plusieurs jours durant. De ces tombeaux roulants, on ressortit entre cinq et six mille corps. L'idée des trains de la mort, encore une innovation roumaine... Hitler félicitera son allié, le maréchal Antonescu.

Ces massacres ne furent qu'une répétition générale. En octobre, l'armée roumaine occupant la ville d'Odessa, en Ukraine, voulut punir la communauté juive locale d'un prétendu attentat commis contre son quartier général. Elle pendit huit mille juifs aux lampadaires et aux balcons, avant d'en tuer quatre mille autres d'une balle dans la nuque. Le mode opératoire fut jugé trop lent et trop « coûteux » en munitions. On enferma les quelque six mille condamnés restants dans d'immenses hangars et on y jeta des grenades.

Pendant ce temps, les troupes roumaines partirent à la reconquête des provinces qu'ils avaient perdues, la Bessarabie et la Bucovine. Partout, les juifs étaient raflés, puis fusillés au bord des tranchées antichars qu'avaient précédemment creusées les Soviétiques. Les officiers nazis eux-mêmes s'exaspéraient. Ils craignaient les épidémies : « Les Roumains abandonnent les cadavres là où ils sont tombés, sans les enterrer », écrivaient-ils dans des rapports envoyés à Berlin. On compta près de cent mille victimes en deux mois.

Les survivants furent enrôlés dans des marches meurtrières. Hitler avait offert au maréchal Antonescu une vaste bande de terre, à la frontière ukrainienne, la Transnistrie. L'État roumain créa là un « Royaume de la mort » une gigantesque colonie pénitentiaire qualifiée de « dépotoir ethnique ». Aux 330 000 juifs ukrainiens qui vivaient sur place, les Roumains ajoutèrent 150 000 juifs supplémentaires. Pour les parquer, l'armée reconvertit d'anciennes batteries d'élevages porcins. Elles comportaient entre dix et cinquante étables en enfilade. Idéal. « Là où tenaient trois cents cochons tiendront bien trois mille juifs », se plaisaient à répéter leurs gardiens. Déjà, un juif valait moins qu'un porc.

Aucune logistique dans ce chaos : une population soumise au travail forcé qu'on laissait ensuite mourir de froid, de dysenterie et de faim, au point que le cannibalisme en Transnistrie n'était pas rare. Ce mélange de barbarie et d'amateurisme scandalisa les nazis.

Enfin, la tuerie du camp de Bogdanovka reste une des plus impressionnantes de toute la Seconde Guerre mondiale. En fait de camp, il s'agissait, là encore, de batteries de porcs délabrées, ouvertes à tous les vents. Mais comme disait le commandant alors qu'il gelait à pierre fendre : « La paille, c'est pour les cochons, pas pour les youpins ! » La décision d'en finir avec les huit mille détenus juifs fut prise en décembre 1941. Les Roumains commencèrent par regrouper cinq mille personnes dans une porcherie et par y mettre le feu. Ensuite, ils se servirent de deux immenses puits pour y précipiter environ un millier d'autres, enfants et adultes. Puis la grande exécution par balles débuta. On emmenait les juifs par groupes de trois cents ou quatre cents, on les forçait à se déshabiller, on arrachait leurs éventuelles dents en or et on les alignait à genoux, au bord d'un ravin long d'une soixantaine de mètres. En contrebas, un immense brasier avait été allumé de façon à pouvoir jeter les enfants vivants dans les flammes.

Des atrocités commises au vu et au su de tous, avec le concours de tous. Cinq cents kilomètres séparent la Transnistrie de la capitale, mais des choses se savaient à Bucarest. Les juifs, rackettés, humiliés et terrorisés, vivaient dans l'angoisse que vienne leur heure. « Il y a eu encore une rafle de familles juives, cette nuit, dans divers quartiers. On ne sait combien, ni pourquoi. Mais, dorénavant, aucun de nous ne peut être sûr, le soir en se couchant, de se réveiller le matin chez lui, dans son lit », relate Mihail Sebastian dans son journal, en 1942. « Le malheur, c'est que personne n'y est pour rien. Tout le monde désapprouve, tout le monde est indigné, mais chacun n'en est pas moins un rouage de cette immense usine antisémite qu'est l'État roumain, avec ses bureaux, ses autorités, sa presse, ses institutions, les lois, ses procédés… Quant à la foule, elle exulte. Le sang juif, l'humiliation des juifs, voilà des amusements publics par excellence. »

La Roumanie, une zone blanche, comme je m'appliquais à me la représenter ? Non, un pays dégoulinant de rouge, balayé par la rage, inondé par la peur, loin de la petite enclave tranquille épargnée par la guerre. Qu'ai-je retrouvé de mes grands-parents dans le récit que livre Mihail Sebastian des années de guerre ? Une seule et unique anecdote : la joie, à la Libération, de remettre la main sur ses skis et ses bâtons cachés au début de la guerre dans le grenier d'une amie. Il était strictement interdit aux juifs d'en posséder, ai-je découvert à cette occasion. Me revient en mémoire ce matériel d'alpinisme que Harry et Gabriela avaient, eux, dissimulé sous les combles de leur immeuble, « au cas où », m'expliquaient-ils en souriant quand j'étais enfant. « Au cas où » quoi ? « Au cas où » il aurait fallu fuir par les toits. « Au cas où » on serait venu les embarquer. « Au cas où » on les aurait déportés. Mais ça, ils ne l'ont pas formulé. Et comme, finalement, ils ne l'ont pas été, ils ont fini par croire qu'il ne leur était rien arrivé.

Il y en a plus d'un que ça allait arranger.

Le mauvais mot

LE MARÉCHAL ANTONESCU tomba en 1944, renversé par l'ensemble des partis politiques – dont les communistes, très minoritaires – qui s'étaient ligués avec le jeune roi Michel. Ainsi, la Roumanie rompit avec l'Allemagne nazie, lui déclara la guerre et passa les neuf derniers mois du conflit à se battre aux côtés des Alliés. Les Soviétiques, qui occupaient déjà une partie du pays, choisirent les 23 et 24 août 1944, le même jour que la libération de Paris, pour entrer dans Bucarest, inscrivant ainsi le basculement de la capitale roumaine dans un vaste mouvement de résistance et de renaissance européenne. Nouveau coup d'État en 1947 : les communistes prirent définitivement le pouvoir en Roumanie et, dès lors, le contrôle du récit national et de la mémoire. Ils avaient été les ennemis déclarés des fascistes. Comment fallait-il donc situer ce pays nouvellement communiste ? Du côté des gagnants ou du côté des perdants ? Du côté des bourreaux ou du côté des victimes ?

Contrairement à ce que je pouvais penser, il n'y eut pas que les fascistes déchus pour tirer profit de cette confusion et chercher à atténuer la responsabilité roumaine dans le massacre des juifs : les communistes aussi y avaient intérêt. Un pays communiste ne pouvait pas s'en être pris aux juifs. Le négationnisme des uns allait même concorder avec le révisionnisme des autres. Jusqu'à faire peu à peu oublier la Shoah en Roumanie, jusqu'à la dissoudre dans une vaste torsion mémorielle. Mes grands-parents, sortis indemnes de la guerre, se plièrent à ce grand effacement, bien conscients de participer, à leur manière, à cette réécriture de l'Histoire. Ni cynisme, ni calcul chez eux, mais la volonté, et même l'urgence, d'en finir avec la perpétuelle menace, et la conviction chevillée au corps qu'il fallait aller de l'avant.

Dès 1945, la Roumanie jugea ses criminels de guerre à domicile. Le maréchal Antonescu ne fut pas, comme l'élite nazie, traduit au tribunal de Nuremberg. On le fusilla l'année suivante à Bucarest. Son procès fut l'occasion d'installer une ligne de défense que certains historiens nationalistes partagent encore. Le Conducator (c'est ainsi qu'il se faisait appeler) se targua d'avoir écrasé les légionnaires, milice d'extrême droite, et de n'avoir pas livré « ses » juifs aux Allemands. Il est vrai que les Roumains se chargèrent très bien eux-mêmes de leur extermination dans les provinces de l'Est. Quant aux cent trente mille juifs roumains envoyés à Auschwitz ils venaient de Transylvanie du Nord. Or cette région avait changé de nationalité pendant la guerre et avait été placée sous contrôle hongrois. La Roumanie pouvait s'en dédouaner.

Le Conducator prétendit aussi avoir « protégé » les juifs de Bucarest et du Vieux Royaume, c'est-à-dire des régions centrales qui ont formé le premier tracé du pays, son berceau. C'est un fait, ni Mihail Sebastian, ni mes grands-parents ne furent déportés. En réalité, ils y échappèrent de peu. Tout était prêt – y compris les trains – pour les envoyer mourir en Pologne. L'état-major SS et le ministère allemand des Affaires étrangères avaient choisi le camp de Belzec pour exterminer les juifs roumains. Le lieu fut remis à neuf, on y construisit six nouvelles chambres à gaz en prévision des nouveaux arrivants. En septembre 1942, le camp de Belzec était en mesure d'exterminer un arrivage journalier de deux mille Roumains en trois heures. Purification ethnique, accélération de la cadence. À Bucarest, le maréchal Antonescu valida la déportation de « la population juive tout entière ». L'historien Jean

Ancel a exhumé chaque étape de ce projet préparé en silence par l'administration roumaine et que la presse allemande relatait en temps réel.

L'opération fut interrompue au mois d'octobre, non pas pour épargner les juifs de Roumanie mais pour les utiliser comme monnaie d'échange. Le maréchal Antonescu attendait d'Adolf Hitler qu'il « rende » à la Roumanie la Transylvanie du Nord et qu'il reconnaisse les sacrifices de l'armée roumaine aux côtés des Allemands à Stalingrad. Le chef de l'État roumain voulait des contreparties et suspendit la déportation de ses juifs à la réponse de Hitler… qui ne vint pas. Au cours de l'année 1943, une possible défaite des nazis commença à s'esquisser. Le maréchal Antonescu imagina un autre scénario. La non-déportation des juifs pourrait lui servir de sauf-conduit auprès des Alliés. Passer pour leur sauveur après avoir été leur bourreau. À Bucarest, les juifs n'eurent la vie sauve que par chance, au gré de retournements toujours plus opportunistes, soutient l'historienne Alexandra Laignel-Lavastine. La version du leader fasciste travesti en bienfaiteur resta pourtant gravée dans le marbre.

La justice roumaine s'avéra clémente avec les suppôts du régime Antonescu. Nombre de peines capitales furent commuées en peines de prison qui, souvent, s'achevèrent vers la fin des années 1950. En outre, le Parti communiste roumain manquait cruellement de cadres et de militants. Il fallait faire grossir les troupes. L'historienne Catherine Durandin considère comme très probable un pacte entre légionnaires d'antan et communistes allant de l'avant. Les anciens fascistes feraient, du jour au lendemain, de parfaits staliniens. Le Parti communiste composa donc, y compris en son sein, avec un passé non épuré. Les juifs qui allaient y faire carrière, comme mes grands-parents, y côtoieraient divers acteurs de la « Solution finale » en Roumanie. Le tout dans le grand non-dit de la nouvelle camaraderie communiste qui exigerait que l'on remisât ses origines par-devers soi.

Les anciens fascistes allaient se taire. Les juifs allaient se taire. Harry et Gabriela Greenberg allaient se taire. Les fascistes parce qu'ils étaient les anciens adversaires. Les juifs parce que, bientôt, on ne leur laisserait plus de raison de parler en leur nom. En effet, les communistes prirent rapidement le contrôle des tribunaux populaires chargés de juger les crimes de guerre. Ils en firent un levier de propagande. Ils présentèrent les fascistes comme des ennemis politiques, des ennemis du peuple, des ennemis du prolétariat, bien plus que des ennemis des juifs. La justice stalinienne effaça ainsi les crimes spécifiques contre les juifs. Le mot « juif » figura d'ailleurs de moins en moins dans les jugements. Aux juifs, on ne reconnut plus le statut de victimes. Comment dès lors pouvaient-ils se considérer comme tels ? Y avaient-ils seulement intérêt ?

Finalement, les communistes se livrèrent à une vaste entreprise de falsification. De la guerre en Roumanie, on ne retint plus que les neuf derniers mois : un pays au service de la liberté combattant aux côtés des Soviétiques et des Alliés, dans une guerre « juste ». On minimisa l'ampleur de la Shoah et on en imputa la responsabilité tout entière aux Allemands. Et pour cause : un pays communiste n'a pas de génocide juif sur la conscience. D'ailleurs, de quels juifs parle-t-on ? Au-delà des procès, la Roumanie communiste avait proscrit le mot « juif ». L'ethnologue Andrei Osteanu constate qu'à l'époque le terme a été éradiqué des romans comme des textes de sciences sociales. Sous prétexte de prendre le contrepied de la littérature et de la presse d'avant guerre, obsédées par le péril juif, le Parti refusa de nommer les juifs pour ne pas les stigmatiser. Mais ce faisant, il finit par les effacer. Et Andrei Osteanu de rappeler qu'en régime totalitaire, « si on n'en parle pas, c'est que ça n'existe pas ».

Le mauvais nom

CE SILENCE-LÀ, si excessif fût-il, convenait parfaitement à Harry et Gabriela. À l'entrée des chars russes dans Bucarest, mes grands-parents s'étaient juré qu'on ne les obligerait plus à être ces juifs qu'ils n'avaient jamais voulu être. Ils s'acharneraient à vivre comme les autres, délestés de toutes « questions juives », de tout « statut des juifs », de toute « condition de victime » ; en un mot, de tout passé. L'effet d'amnésie induit par le discours officiel les arrangeait. Ils espéraient un monde nouveau ici et maintenant. Droit d'inventaire et devoir de mémoire n'étaient pas leur affaire, au contraire. Le Parti communiste fondait à grande vitesse sur les institutions. Le train était en marche, il fallait monter à bord et ne pas se retourner.

Leur première décision fut de changer de nom, comme beaucoup d'autres. Il est vrai que Greenberg devenait encombrant, patronyme marqué au double fer du judaïsme et d'un continent ennemi, l'Amérique. Le grand psychosociologue Serge Moscovici commente cette manie avec une pointe de cruauté : « Le régime du maréchal Antonescu avait voulu éliminer les juifs. Les communistes d'appareil tenaient, eux, à s'éliminer en tant que juifs et roumanisaient à tout-va leurs patronymes. »

Harry Greenberg a émigré deux fois dans sa vie, comme son père, avant lui, et comme le père de son père, avant eux. Le grand-père de Harry s'appelait Moïse Grunberg. Il est né à Balaclava en Crimée, voici deux siècles, aux confins de l'Empire russe où le tsar de Russie avait repoussé les juifs. Là, on réservait aux jeunes hommes de la communauté une conscription militaire particulièrement longue et injuste. Moïse se vit obligé de fuir la Crimée et de se réinventer une vie en Roumanie. Son épouse, Fannie, mit au monde six enfants.

Leur premier fils, Elias, naquit en 1861. Elias est le père de Harry, mon arrière-grand-père, donc. En cette fin du XIXe siècle, l'histoire se répéta. Les hommes juifs devaient au nouveau roi de Roumanie un service militaire de sept années consécutives. Elias n'eut d'autre choix que de fuir à son tour son pays. En outre, un remaniement de la Constitution venait de restreindre si drastiquement l'accès à la citoyenneté roumaine que la question du statut des juifs de Roumanie, qui furent les dernier émancipés d'Europe, soulevait des controverses à Paris, à Londres, à Berlin et à New York. Dans le Vieux Royaume, la communauté juive se divisait et se désagrégeait. Premiers exodes vers la Terre sainte et premiers départs vers l'Amérique. Elias fut de ceux qui traversèrent l'Europe à pied, s'embarquant depuis la France vers le Nouveau Monde.

À son arrivée aux États-Unis, Elias Grunberg, comme les autres immigrants passés par Ellis Island, fut rebaptisé. Grunberg devint Greenberg. Cela lui allait. « L'habit ne fait pas le juif, souligne la sociologue Nicole Lapierre, on se défait du nom comme on se déferait d'un vêtement. » Dans la tradition hébraïque, seul le prénom compte pour s'inscrire dans la communauté ; le patronyme est une création plus tardive. Ainsi, Elias conserva-t-il son prénom biblique et changea-t-il de nom sans atermoiement.

Il s'installa à Houston, Texas, se priva de tout, dormit sur du papier journal, économisa chaque cent pour faire venir son frère Simeon. Tous deux montèrent une petite affaire, une usine de traitement de plumes et de production de duvet pour édredons et oreillers. Le reste de la fratrie suivit, et même les parents, Moïse et Fannie, finirent par quitter la Roumanie. Tous les Grunberg devinrent des Greenberg. Enfin, Elias fut naturalisé le 8 août 1906, déclaré citoyen américain par la 55e cour de justice du comté de Harris, selon le glorieux document que nous nous transmettons de génération en génération. Elias venait de se marier et d'accueillir deux enfants, Gertruda et Harry. Tiens, plus de prénoms juifs ! Mon grand-père, Harry Greenberg, est né texan. Un Texan, un vrai de vrai. Et moi, pourquoi ne le suis-je pas ?

Au Beth Yeshurun Cemetery de Houston reposent tous les oncles, tantes, cousins et aïeux de Harry. Seule manque la sépulture de ses parents, mes arrière-grands-parents. La raison en est toute simple. Rongés par le mal du pays, ils choisirent de rentrer en Roumanie. En 1908, ils refirent le voyage en sens inverse, pour ne pas dire à contresens de l'Histoire. Décision funeste, édifiante même *a posteriori*. Comment ont-ils pu regagner l'Europe en ce début de XXe siècle alors qu'un massacre de juifs à Kichinev, tout près de la Roumanie, venait d'horrifier le monde entier ? Leur fils, Harry, petit Américain de trois ans, traverserait en Roumanie deux guerres mondiales au lieu de grandir sur un continent épargné par les champs de bataille. Puis Harry Greenberg, frappé d'un nom juif en pleine éclosion du fascisme roumain, en plein pogrom de Bucarest, en pleine dictature militaire alliée des nazis. Puis Harry Greenberg, frappé d'un nom américain en pleine reprise en main du pays par les communistes, en pleine République populaire, en pleine guerre froide. Harry Greenberg ou comment porter, trente ans durant, le mauvais nom, au mauvais endroit, au mauvais moment.

Comme un roman

ILS AURAIENT PU, comme tant de juifs, transformer l'orthographe de Greenberg. Ils auraient pu le traduire en roumain, jouer avec les lettres de leur nom, aller même jusqu'à l'anagramme totale. Ils auraient pu, au moins, conserver leurs initiales. C'est précieux les initiales, ça dit qui l'on est. Au lieu de cela, dans un geste radical et inattendu, Harry et Gabriela rayèrent Greenberg de l'état civil et se façonnèrent un nom flambant neuf, venu de nulle part. Enfin si, pioché dans un roman.

Rien n'intimidait ma grand-mère, pas même l'acte démiurgique de s'auto-engendrer. De nom, il n'était pas question de changer à moitié, et encore moins de s'en cacher. Ce n'était pas pour dissimuler leurs origines juives qu'ils changeaient de nom – là-dessus, ils avaient tenu bon –, c'était par appétit de l'avenir et par conviction. Ils s'inventeraient une nouvelle vie en bâtissant un nouveau monde. Greenberg devint Deleanu.

Deleanu ? Le nom d'une héroïne de roman fleuve. Ça, c'est signé Gabriela ! Olguta Deleanu, fille d'une famille de grands propriétaires. Leur domaine, la Medeleni, donnait son titre à une saga en trois tomes, parue dans les années 1920, immense succès de librairie en Roumanie. Olguta l'amoureuse, Olguta la tourmentée... La jeune fille, éprise d'un homme plus âgé, veut le suivre en Amérique, se découvre un cancer et finit par se suicider. Les Deleanu éplorés vendent la Medeleni, car la terre leur rappelle à jamais le souvenir de leur enfant déchirée...

Je ne m'étais jamais doutée que le nom de mes grands-parents, donc le nom de jeune fille de ma propre mère, pût venir de là. Quand je l'ai découvert, j'en suis restée sans voix. Que ma grand-mère ait choisi un nom de propriétaires terriens en pleine instauration d'un régime qui allait collectiviser à marche forcée était déjà savoureux. Peut-être Gabriela prenait-elle une revanche sur son enfance sans père en se présentant désormais sous les traits d'une héritière. Mais pourquoi ce destin à l'eau de rose ? Quelle mouche avait bien pu la piquer ? Ma sœur sourit en entendant l'histoire et me rappela que la même Gabriela, devenue vieille dame, se piquait de parler cinq langues et de lire de la philosophie allemande dans le texte, mais n'en dévorait pas moins discrètement tous les romans de Danielle Steel sous prétexte… d'entretenir son anglais !

Lorsqu'on choisit son nom, on ne pense pas qu'à soi. Se renommer, c'est aussi se demander comment les autres vont vous appeler, donc vous qualifier. Harry et Gabriela avaient souffert de se sentir juifs dans le regard des autres. Cela ne se produirait plus jamais. « Deleanu », un nom choisi finalement dans la droite ligne du Parti. Du passé faisons table rase. « Deleanu » décrétait une histoire nouvelle, fabriquée de toutes pièces. Une histoire dans laquelle les juifs n'auraient ni le bon, ni le mauvais rôle. Une histoire dans laquelle les juifs et leurs noms chargés de haines ancestrales et d'un génocide si récent en Europe de l'Est n'auraient tout simplement pas de rôle. D'ailleurs, c'était très simple, plus de nom juif, plus de juif. Et inversement.

Les communistes promettaient une société égalitaire, sans distinction de race, de classe, de religion, sans discrimination aucune. Des camarades, seulement des camarades et des camarades ensemble. Triomphe du « genre humain ». Mes grands-parents y crurent de toutes leurs forces. Adhérer au Parti, c'était la chance de se réinventer une histoire. Au point d'aller chercher leur nom dans une fiction.

Je sais aujourd'hui que cette fiction n'a tenu qu'une poignée d'années avant d'être rattrapée par la réalité. Être juif en Roumanie. Quel autre pays, en effet, a vendu ses juifs contre des cochons ?

Les communistes

Le fabuleux destin

En 1945, quelque temps avant la nationalisation des biens, Harry et Gabriela devinrent propriétaires. Ils achetèrent la jolie maison moderniste avec jardin qu'ils habiteraient jusqu'à leur départ de Roumanie. Le pavillon se situait au numéro 47 de la rue Tepes Voda, dans un îlot calme et résidentiel parsemé de potagers. Un quartier populaire situé à l'est de la capitale, à l'opposé des fastueux hôtels particuliers qui enorgueillissaient l'ouest de Bucarest avant guerre.

Ce coin, appelé Popa Nan, a miraculeusement échappé aux bulldozers de la République socialiste, à ses cités-dortoirs, ses artères mégalomanes et ses palais hors de proportion voulus par un dictateur hors de contrôle. La maison de mes grands-parents est toujours debout. Dans le dossier « Deleanu » de la Securitate où sont consignés les racontars fielleux mais aussi les écoutes qui précipitèrent leur chute, figure encore le numéro de téléphone : 5-04-94. La police secrète traquait les Roumains jusqu'aux tréfonds de leur intimité, compilant toutes sortes d'informations sur leurs faits et gestes. Cela finirait par servir un jour ou l'autre.

Le dossier de ma grand-mère dit, d'abord, son irrésistible ascension. Mariés depuis dix ans déjà, Harry et Gabriela Deleanu attendirent la fin de la guerre pour s'autoriser un enfant, puis un deuxième. Lena, ma tante, vit le jour en 1945 et Marina, ma mère, en 1947. Gabriela souhaitait s'arrêter là. Elle avait trente-cinq ans. Un monde sortait de terre, elle voulait en être – place à sa carrière. Le premier centre d'instruction, d'éducation, de culture et de propagande du Parti communiste roumain venait d'ouvrir, définissant le programme de formation des cadres, ce que visait ma grand-mère. Gabriela s'inscrivit en 1948 aux cours d'été du Parti à Timis. Elle installa sa mère, Roza, sa petite fille de trois ans et son bébé à proximité du centre pour les voir, entre les sessions. Dans la foulée, elle suivit les cours du soir. Elle ne manquait pas de palmes académiques dans l'ancien monde, mais il fallait se montrer volontaire en matière de « réapprentissage ».

À l'université, on avait épuré nombre d'enseignants et on réservait leurs postes aux membres les plus zélés du Parti. Consciente des opportunités qui s'offriraient bientôt à elle, Gabriela se déchargea de l'éducation de ses filles sur sa propre mère et se dépêcha de grimper les échelons. Parcours exemplaire d'une militante intelligente et ambitieuse. Dans son dossier à la Securitate, fatras de jalousies recuites et de règlements de compte, Gabriela est décrite comme « dynamique », « individualiste », « entêtée », « carriériste ». En effet, ma grand-mère grimpa vite et haut.

Dès 1947, Gabriela intégra la section « musique » du Parti. Elle décrocha une chaire de musicologie au Conservatoire national. Même au sein de la grande famille Sanielevici – à qui Gabriela, privée de père illustre, bichait d'imposer son éclatante réussite –, cette ascension faisait grincer des dents. Le clan avait la langue bien acérée. Ses cousines allèrent jusqu'à murmurer que, peut-être, Gabriela trompait son monde avec de faux diplômes. Je tiens mon prénom d'une Sonia qui fut pédiatre à Bucarest, elle-même membre du Parti communiste. Elle était la fille de l'oncle Emil Sanielevici, biologiste réputé. Ma grand-mère et elle éprouvaient une affection mutuelle, ce qui n'empêchait pas Sonia de distiller le doute sur les titres de Gabriela et ce, longtemps après la mort de sa cousine et auprès de nous, ses petites-filles.

La Roumanie ne se trouvait pas acquise aux communistes. Ils durent la conquérir. L'historienne Catherine Durandin décrit la méthode, un mélange de « persuasion-séduction » et de « répression-terreur ». Mes grands-parents ont probablement oscillé entre les deux. Il y avait chez eux l'authentique désir de bâtir une société nouvelle et de s'y assurer une place. Mais ils avançaient l'angoisse chevillée au corps. Les communistes ne chassèrent pas longtemps les anciens fascistes. En revanche, ils instaurèrent une traque des anciennes élites, chacun devant justifier de son extraction sociale, chacun vivant dans le tourment d'être assimilé aux « classes dominantes ». Harry, bourgeois, ingénieur, cadre à l'usine. Gabriela, intellectuelle issue d'une lignée prestigieuse, musicienne, professeure de français. Suspects, forcément suspects. La révolution rouge grondait, Harry et Gabriela ne devaient-ils pas donner des gages au plus vite ? Se présenter à tout prix en « amis du peuple » ?

Les communistes confisquèrent vite les biens des entrepreneurs, intimidèrent leurs opposants politiques – jusqu'à la constitution, en 1948, d'un parti ouvrier unique –, mirent la main sur la presse et procédèrent à d'innombrables arrestations destinées à tétaniser l'opinion. Les chefs d'accusation se firent divers : « exploiteurs » désignait toute personne en ayant employé d'autres ; « bourgeois cosmopolites » englobait les francs-maçons, les juifs non communistes, les syndicalistes, les intellectuels ou les artistes faisant montre d'indépendance ; « profiteurs » ciblait les commerçants et professions libérales ; « laquais des exploiteurs » permettait d'incriminer les policiers, gendarmes, militaires, avocats, magistrats, mais aussi les enseignants et, pourquoi pas, le clergé. Sans leur carte du Parti communiste, mes grands-parents auraient rempli toutes les cases pour se trouver à nouveau inquiétés, entravés, persécutés.

De cette inquiétude-là, bien sûr, mes grands-parents n'ont jamais parlé. Pas plus que de la peur qui les a minés durant la guerre. Je ne doute pas qu'ils aient été reconnaissants aux Soviétiques d'avoir mis fin au fascisme. Je ne doute pas qu'ils aient appelé de leurs vœux les plus profonds une nouvelle donne égalitaire. Harry et Gabriela Deleanu ont été des communistes sincères, voire des idéalistes. Avant même la fin de la guerre, ils s'étaient procuré un manuel de russe pour apprendre la langue, ce qui leur faisait courir un grand risque sous le joug fasciste. Cependant, une fois le conflit terminé, je me demande parfois si mes grands-parents ont réellement eu le choix.

Catherine Durandin admet « un mélange de convictions et de sauve-qui-peut dans ces adhésions au Parti entre 1945 et 1948 ». Le sauve-qui-peut. Encore, le sauve-qui-peut.

Une nouvelle classe dirigeante vit le jour à la fin des années 1940, qui entendait prendre sa revanche. Les institutions furent refondues en 1952, ce qui acheva la soviétisation de la société roumaine et permit à la nouvelle élite de tenir tous les rouages du pouvoir. Le Parti plaça petit à petit ses membres les plus loyaux à tous les postes clés de l'administration. Harry continua de travailler à l'usine Gallia dans l'immédiat après-guerre, puis il dirigea le Bureau des brevets et des inventions. Enfin, il occupa un siège important à la municipalité de Bucarest : il fut nommé responsable de toutes les industries de la capitale et de sa région. Il enseigna aussi à l'Institut des sciences économique et politique.

De son côté, Gabriela mit sur pied l'Orchestre national de la cinématographie roumaine. Elle fut directrice administrative de cette formation musicale prestigieuse qui produisait les musiques de films et donnait des concerts dans toutes les grandes salles. Le premier secrétaire du Parti, Gheorghe Gheorghiu-Dej, avait placé le septième art au cœur de la machine de propagande. On fit édifier de grands studios de cinéma à Buftea, les plus importants d'Europe de l'Est, à une vingtaine de kilomètres de Bucarest. Gabriela Deleanu occupait une place de choix. Elle eut le droit de voyager, privilège rare puisque les frontières étaient cadenassées. Ma grand-mère effectua une mission à Vienne (de l'autre côté du Rideau de fer, à l'Ouest !) et elle accompagna des délégations culturelles et d'artistes promus par le régime par deux fois en Tchécoslovaquie.

Elle obtint également l'autorisation de se rendre chaque année à Karlovy Vary, ravissante station thermale de Tchécoslovaquie, rendez-vous mondain de la Mitteleuropa à la fin du XIXe siècle, fréquentée après la Seconde Guerre par les huiles du Parti et les artistes en vogue. Un festival de cinéma très couru s'y déroulait depuis les années 1930. Gabriela, que l'arthrose faisait tant souffrir, effectuait à Karlovy Vary une cure, composée de bains radioactifs. Les mines d'uranium de Jáchimov se situaient à quelques kilomètres seulement. Les curistes trempaient dans une eau chargée en radon, avec un petit boîtier noir fixé par des liens de cuir sur leur nuque. Ma grand-mère disait ne pas pouvoir se passer de ce traitement miraculeux !

Quant aux filles Deleanu, Lena et Marina, elles se révélèrent des élèves appliquées. À l'école, elles suivaient le parfait cursus des camarades en herbe et portaient fièrement le foulard des « pionniers », mouvement communiste inspiré du scoutisme. Là, elles se préparaient consciencieusement à entrer un jour aux Jeunesses du Parti. Seule Lena, nouvellement lycéenne, aurait le temps d'y faire son intégration avant que la famille ne quitte le pays. Dès le cours élémentaire, ma mère et sa sœur avaient senti dans le regard des maîtres d'école et des parents d'élèves qu'elles jouissaient de ce statut un peu à part, et évidemment envié, des enfants dont les parents sont membres du Parti. Mieux, membres influents du Parti.

L'oubli

QUI AURAIT OSÉ ENRAYER la machine ? Qui, dans ce torrent d'opportunités à saisir et de menaces à esquiver, aurait eu le cran de nager à contre-courant ? Qui aurait voulu sortir du lot ? Qui aurait songé à prôner son identité juive et à réclamer justice ? Pas Harry et Gabriela. La nation enterrait son passé antisémite, les juifs enterraient leurs souffrances. L'un n'allait pas sans l'autre. Le nouveau monde pouvait compter sur eux. Les communistes pouvaient compter sur eux. Ils étaient « les communistes ».

Dès lors, les souvenirs de mes grands-parents restèrent leurs souvenirs, mais furent racontés comme s'ils avaient été vécus par des étrangers. Ce qui leur était arrivé n'était plus, selon eux, lié à une quelconque identité juive. La psychanalyse aurait probablement décrit Harry et Gabriela comme « clivés », c'est-à-dire activant leurs défenses face à ce que la mémoire peut faire ressurgir de pire : une peur extraordinairement intense. Mes grands-parents, même lorsqu'il s'agissait d'évoquer la fureur assassine d'un pogrom, ne se départaient jamais de leur demi-sourire.

Certes, le projet communiste les conforta dans cette mise à distance. Certes, leur mémoire fut engloutie dans cet oubli progressif et collectif de l'anéantissement des juifs de Roumanie. Mais je me demande parfois si Harry et Gabriela ne se trouvaient pas dans une impasse. Si cette impossibilité de se situer dans un drame qui les dépassait n'était pas propre à ceux à qui il n'est finalement « rien arrivé ».

Des pogroms et des lois antisémites, leurs ancêtres en avaient vécu avant eux. Or, pour mes grands-parents, la guerre s'était prétendument résumée à cela. Rien qui ne se fût déjà produit en Roumanie. Rien qui ne relevât spécifiquement d'un événement d'une radicale singularité, sans équivalent dans le passé. Enfin si : leur déportation programmée au camp d'extermination de Belzec. Or la déportation ne se produisit pas. Un « non-lieu » pour utiliser le vocabulaire judiciaire. C'est dans cette non-déportation, ce non-lieu, que se loge, me semble-t-il, quelque chose de terriblement lourd et complexe. Quelque chose de non formulé, d'abord : les juifs de Bucarest ignoraient leur sort à venir, ils sentaient seulement la mort rôder. Quelque chose de coupable, ensuite : les juifs de Bucarest ne seraient pas décimés comme les autres juifs de Roumanie et, plus largement, comme les juifs d'Europe. Comment, dès lors, Harry et Gabriela pouvaient-ils se dire « survivants » ? Comment pouvaient-ils transmettre quelque chose qui ne leur était pas arrivé ? Comment pouvaient-ils qualifier cette menace qui les rongeait, les habitait, les poursuivait, mais qui ne vint pas les prendre ? Mihail Sebastian évoque, durant la guerre, une « espèce de poids sur le cœur qui m'a étouffé tout le temps ». Quelque chose qui s'appellerait non pas la mort, mais la peur de mourir.

Pour nous, les petits-enfants de Harry et Gabriela, se pose la question de l'héritage. Nous, ceux que l'historien Ivan Jablonka nomme les « enfants-Shoah » de la deuxième, puis de la troisième génération. La première génération comprend les enfants rescapés des massacres. La deuxième, leurs enfants. La troisième (ou « génération 2.5 », dira aussi Jablonka), les enfants de leurs enfants. Ces derniers « ont hérité, *nolens volens*, d'une histoire qui est devenue la leur », explique l'historien, à ceci près que les petits-enfants constituent une génération d'« héritiers non traumatisés », n'ayant collecté que des souvenirs indirects, donc très libres de réinvestir l'histoire de leurs grands-parents comme bon leur semble. Mais réinvestir quoi, au juste, dans mon cas ? Le grand blanc de la zone blanche. Quelque chose qui aurait menacé des juifs qui ne se sentaient pas juifs. Quelque chose qui n'avait finalement pas eu lieu concernant des gens qui n'avaient finalement rien senti. Le tout, dans un pays qui avait finalement tout oublié.

Les bourgeois

L'OUBLI EUT DU BON. Il permit la conquête communiste. Puis il permit une nouvelle Roumanie relativement stable, apaisée et unie. Unie jusqu'à ce que le pays troque une partie de ses citoyens – au hasard, ses juifs – contre du bétail et les vende comme de vulgaires marchandises. Mais cela viendrait après. En attendant, Harry et Gabriela connurent une décennie agréable. Ils l'avaient mérité. L'après-guerre avait été fébrile, scandé par la suspicion et les oukases. Il avait fallu se ruer, montrer patte blanche et trimer pour s'imposer. Se faire une place au soleil communiste. Le Parti lui-même avait connu, dès les premières années, des purges et des luttes intestines.

C'était derrière eux. Harry et Gabriela avaient choisi le bon camp. Ils étaient installés et ils avaient l'intention d'en profiter. Pas tant sur le plan financier : mes grands-parents ne cherchèrent jamais à profiter de leurs positions pour se remplir les poches. Modèles de droiture – d'une intégrité qui frôlait parfois la rigidité –, ils se montrèrent étrangers à toutes les formes de corruption qui gangrénaient le régime. Cependant, sans chercher à s'enrichir, ils réussirent à offrir à leurs filles une prime jeunesse confortable. Un confort intellectuel et matériel que je qualifierais aujourd'hui de « bourgeois ». Je cherche, mais je ne trouve pas d'autre adjectif. Des bourgeois en République populaire ! Il y avait pourtant de cela.

Mes grands-parents passaient leurs vacances d'hiver à la montagne et les beaux jours au bord de la mer. Dans ces lieux de villégiature, le régime avait nationalisé différents bâtiments, d'anciens hôtels comme les villas de riches Roumains expropriés. On en avait fait des « maisons de repos ». Entreprises et institutions s'en répartissaient la gestion et y envoyaient à tour de rôle leurs employés méritants. Il y avait les maisons pour ouvriers, celles pour intellectuels, pour artistes au service du régime, pour cadres, pour membres importants du Parti...

Ma mère se souvient avoir skié à Sinaia, station où l'ancien roi avait fait construire plusieurs palais. La famille Deleanu logeait là-bas dans un superbe chalet, en pleine forêt. L'été, ils se rendaient à

Vasile Roaita, station balnéaire dont toutes les résidences appartenaient désormais à l'État. Les couloirs des anciens hôtels avaient été équipés de haut-parleurs diffusant sans répit la propagande du Parti. Voilà qui exaspérait mes grands-parents, pas du genre à se laisser endoctriner bêtement et, encore moins, à se priver d'une sieste en été ! Harry savait débrancher en douce ces mégaphones importuns. C'était même devenu sa spécialité. Il sortait furtivement une chaise de la chambre, postait chacune de ses filles sur un palier et, à l'aide d'un couteau de poche, coupait vite fait bien fait la chique à ce blabla préenregistré. C'était très risqué, pareille action pouvait passer pour du sabotage politique.

Le mois d'août se passait en bains de boue le matin et en jeux de plage l'après-midi sous un soleil dardant. Les albums de famille fourmillent d'ombrelles, de fichus, de pelles et de seaux. Ces photos jaunies laisseraient penser à des vacances normales, si le hors-champ n'avait raconté une tout autre histoire. Dès que la lumière commençait à décliner, deux cavaliers longeaient cérémonieusement le rivage. Ils traînaient derrière eux une large herse griffant le sable de ses dents. Les sillons ainsi tracés devaient rappeler à tous les vacanciers que la mer constituait une frontière. Gare à celui qui poserait un pied et laisserait son empreinte sur la zone délimitée le soir venu. Gare à celui qui oserait ainsi s'approcher de l'eau. Les garde-côtes craignaient une évasion par radeau. La Roumanie, prison à ciel ouvert.

Outre les vacances, Harry et Gabriela reproduisaient les manières des bonnes familles d'avant guerre. Malgré l'interdiction prononcée par le régime, ils entretenaient leurs langues étrangères. Bien que communistes convaincus, le russe n'était pas leur priorité ! Ils en avaient acquis des rudiments et son enseignement était obligatoire à l'école, c'était tout. En revanche, mes grands-parents tenaient à l'allemand qui leur avait été inculqué enfants. Harry cultivait par ailleurs son cher italien acquis durant ses études. Quant à Gabriela, elle voulut apprendre l'anglais et transmettre sa passion pour le français à ses filles. Les Deleanu faisaient pour cela venir une « mademoiselle » à demeure, signe qu'on était chez des gens comme il faut.

Dès l'âge de six ans, Lena et Marina eurent mère Hélène comme professeure de français. Cette religieuse appartenait à la congrégation des sœurs de Sion. Son ordre avait quitté précipitamment la capitale roumaine pendant la guerre. Elle était restée là, isolée, sans ressources. Ses leçons constituaient son unique gagne-pain. Et elle s'en sortait car, outre une patience à toute épreuve, mère Hélène cachait un trésor hautement convoité à Bucarest : une collection complète de manuels de français. Désuets, certes, mais introuvables. Ainsi, ma tante et ma mère apprirent-elles la langue en rabâchant les péripéties de Roger et Colette jouant avec des petits bateaux sur le bassin du jardin du Luxembourg à Paris ! Rudiments et références qui se révéleraient fort utiles à leur arrivée en France. En attendant, le français finit par être autorisé dans les collèges roumains, mais il fut strictement limité à une heure de cours par semaine.

Il ne s'agit pas ici d'opulence et, encore moins, de liberté. La famille Deleanu n'était pas à l'abri des pénuries diverses, fréquentes et parfois absurdes, qui rendaient la vie difficile à Bucarest. En outre, le Parti maintenait la population sous pression. Un rien vous plaçait dans la ligne de mire et vous mettait en danger. D'avant guerre, Gabriela avait gardé son goût pour le chic et, de la guerre, elle avait gardé son savoir-faire de couturière. Un jour, elle eut l'idée de récupérer une vieille veste de smoking ayant appartenu au mari d'une amie et d'en faire un blouson pour Lena. Elle doubla l'intérieur du vêtement avec de la ouate qu'elle recouvrit ensuite d'une maille jaune vif, tirée d'un tricot de plage de mon grand-père. Le résultat avait de l'allure. Trop, justement. Lena portait évidemment l'uniforme au lycée, mais fut aperçue en ville avec le vêtement. Ma grand-mère fut convoquée par le proviseur et sommée de prouver qu'il ne s'agissait pas d'une denrée importée clandestinement depuis l'Occident. Elle aurait pu être arrêtée pour cela. Nul n'échappait aux obsessions du régime, pas même ses élites.

Lorsque je parle de bourgeoisie, je parle de valeurs. Le communisme n'avait en rien changé Harry et Gabriela. Ils aimaient ce qu'ils avaient aimé avant. Ils aimaient la littérature et la grande musique, ils aimaient les tablées pleines d'amis, ils aimaient les virées à la montagne, ils aimaient se baigner dans la mer Noire, ils aimaient apprendre, ils aimaient comprendre, ils aimaient ce qui était beau, ils aimaient ce qui était élégant, ils aimaient ce qui était intelligent. Rien de ce que le Parti avait mis au banc ne les révulsait. Rien de ce que le Parti avait diabolisé ne les effrayait. Ils étaient sûrs de leur goût, de leur éducation et de leur culture. La propagande, la censure et l'art officiel n'avaient pas ébranlé leur jugement. Ils ne faisaient que composer avec les interdits et le nouvel ordre. Harry et Gabriela voulaient d'une société neuve, ils croyaient à la réinvention politique. Cependant, leur entrée au Parti n'avait pas constitué une rupture. Ils étaient restés les mêmes.

Ils n'étaient pas les seuls. Catherine Durandin, dans son *Histoire des Roumains*, décrit une classe dirigeante qui s'attachait à « des mythes identitaires et savourait doucement des contradictions explosives ». Dans ce grand bond en avant roumain, cette société entièrement tournée vers l'avenir et la modernité, les élites éduquées vivaient les yeux rivés vers le passé. C'est particulièrement vrai pour mes grands-parents qui situaient eux-mêmes leur âge d'or dans l'entre-deux-guerres. Cela paraît tellement insensé ! Harry et Gabriela, communistes de la première heure, avaient pour indépassable référence les années 1930, période vécue sous le sceau de la monarchie, du capitalisme, des inégalités sociales les plus criantes et d'un fascisme férocement antisémite. Ils y avaient été heureux.

L'amie

LA MEILLEURE AMIE de ma grand-mère vivait retirée dans ses souvenirs. Elle dépérissait. Bien que vaguement parente, Gabriela n'avait pas connu Lucia Filderman avant guerre. Cette femme, raide et ridée avant l'âge, était la veuve d'un industriel fortuné. Elle vieillissait seule désormais. Les communistes lui avaient tout confisqué. Dans un deux-pièces borgne au rez-de-chaussée, elle avait entassé les vestiges manufacturés d'une vie maintenant prohibée : une paire de gants brodés, un bibi à voilette, une vitrine en acajou marqueté, un service en biscuit, des miniatures du XVIIIe siècle cerclées d'ivoire… Enfant, ma mère aimait par-dessus tout pénétrer dans l'antre sombre et surpeuplé. Ces objets dessinaient une Roumanie qu'elle n'osait même pas s'imaginer.

Qui, dans les années 1950, pouvait se figurer la jeunesse de Lucia Filderman ? Elle était née avec le siècle, avait grandi dans le sillage de la Cour. Son père, le docteur Krainic, était le dentiste attitré du roi Carol Ier de Roumanie. Aussi se déplaçait-il avec l'aréopage royal d'un palais à l'autre. Carol Ier était un prince venu d'Allemagne. De son pays, il avait importé la rigueur, mais aussi le faste et la pompe monarchique. Les premiers souvenirs de Lucia puisaient dans cette imagerie-là. La voiture à cheval du souverain traversant Bucarest les jours de fête, les habits blancs des paysans endimanchés, massés le long des artères, les capes des chevaliers brodées d'une grande croix, les surplis en brocart des prêtres orthodoxes, les queues-de-pie et les hauts-de-forme des dignitaires de la ville... Un monde d'apparat aboli, honni et finalement rasé par les communistes. Je me demande parfois comment un même individu peut supporter pareil décalage entre le présent et le passé, entre ce qu'il voit et ce qu'il a vu, deux réalités qui ne coïncideront plus jamais. C'est à douter de tout. C'est à devenir fou.

D'autant que Lucia fit un mariage grandiose qui lui ouvrit les portes d'une bourgeoisie juive immensément riche. Elle n'a pas eu d'enfant, ses albums photos ont fini par échouer dans la cave de mon oncle. Jaunis, oubliés, nul n'en avait tourné les pages depuis des années et nul n'est plus en mesure d'en légender les clichés. J'ignore qui est qui sur ces photographies, mais je découvre de splendides villas, d'immenses tablées, des tractions avant fièrement exhibées, des noces luxueuses, des compositions florales étourdissantes, du satin et des guipures haute couture. Dans les années 1920, puis 1930, cette société juive huppée cultivait les langues. On y parlait un français précieux. Paris n'avait, pour elle, aucun secret.

La guerre, puis les communistes, sonnèrent le glas de cette insouciance. Lucia Filderman se retrouva veuve et désargentée. Elle se lia avec ma grand-mère au point de passer nombre de ses soirées chez les Deleanu, mes grands-parents, et de les accompagner souvent en vacances. Étrange amitié. Non seulement la grande bourgeoise était devenue une acariâtre, mais elle était une intouchable aux yeux du Parti dont ma grand-mère avait tout fait pour se ménager les faveurs. En outre, Lucia Filderman n'avait jamais été une intellectuelle alors que Gabriela se piquait de ne fréquenter qu'une élite cultivée. Ma grand-mère était-elle fascinée par le passé de son amie ? Elle ne venait pas du même monde que Lucia, mais elle partageait son snobisme.

Les camarades

EN RECOLLANT CHAQUE PIÈCE de ce puzzle, j'en viens à m'interroger sur le genre de communistes qu'ont été Harry et Gabriela.

Je les voyais, moi, dans les années 1980, déchus, dans un immeuble moderne bien tenu mais plutôt sinistre, aux abords des boulevards extérieurs parisiens. Ces gens âgés, encore alertes, s'accrochaient à leurs manières d'antan. Ils portaient des chapeaux en feutre et des manteaux en loden. Jamais ils ne seraient sortis tête nue. Ma grand-mère agrémentait toujours sa tenue d'une broche et d'un sautoir : des breloques, « mais tout de même ». Le samedi matin, mon grand-père – rituel quasi religieux – achetait son *Figaro Magazine*. Il ne manquait pas un édito de Louis Pauwels, soit la frange la plus dure du journal. La virulence droitière de ses billets agissait chaque semaine comme un aiguillon sur les caciques du RPR, le puissant parti gaulliste auquel

Harry et Gabriela donnaient désormais leurs voix. En arrivant à Paris, mes grands-parents avaient été hébergés à deux pas du rond-point des Champs-Élysées, siège historique du *Figaro*. Ils avaient savouré le privilège de pouvoir lire librement un quotidien conservateur. Ils se sentaient une proximité géographique et idéologique avec le journal.

Ils n'étaient pas les seuls réfugiés de l'Est, ni même les seuls anciens communistes, à s'être forgé un antibolchevisme acharné. N'avaient-ils pas été bafoués par le système qu'ils avaient eux-mêmes bâti ? N'en aurait-on pas conçu, comme eux, amertume et répugnance ? François Mitterrand – la grande figure socialiste de mon enfance – et tout ce qui se réclamait de « la gauche » suscitaient chez eux un franc dégoût. Gabriela levait les yeux au ciel et se tenait loin de la politique. Harry, lui, avait franchement basculé. Il regardait assidûment le « Bébête Show » à la télévision, aimait Jean Amadou et Jean Roucas. Il assumait à voix haute son racisme, son rejet des Noirs et des Arabes. Il s'étonnait encore de ce que lui avaient raconté ses parents lorsqu'il était enfant : Harry, bébé au Texas, pleurait à s'en étouffer. Seule « une grande négresse » qui travaillait dans la maison parvenait à le calmer et à l'endormir. Il s'en esclaffait !

En fouillant mes souvenirs, je ne retrouve pas une once de lutte des classes chez mes grands-parents – ni le vocabulaire, ni l'élan. Les imaginer en militants révolutionnaires m'amuse beaucoup. Héritière d'une aristocratie intellectuelle, je pense que ma grand-mère ne méprisait rien tant que la médiocrité. Concevait-elle avant tout du mépris pour le peuple ? Non. Elle a cru en une possible éducation des masses, en une élévation de la base vers les arts et la culture. En revanche, les apparatchiks grossiers et les arrivistes repus du Parti la révulsaient plus que tout. La médiocrité qu'elle vomissait était parvenue au pouvoir. À l'entendre, la nomenklatura ne se résumait qu'à cela. Elle n'avait d'ailleurs pas de mots assez durs pour décrire la rage qu'il lui fallait ravaler face à ces médiocres-là. Leur obéir lui était insupportable. Gabriela Deleanu avait assisté impuissante au saccage de l'idéal communiste par un contingent de rustres et d'ignorants. Elle leur en voulait tellement.

Je sais qu'elle a pleuré en apprenant la mort de Staline. Elle me l'a raconté : je devais avoir huit ans et n'avais pas osé demander qui était ce gars-là. Le mois de mars 1953 était resté intact dans sa mémoire : le « petit père des peuples » laissait les communistes orphelins. Ma grand-mère avait fondu en sanglots au point de défaillir sur le trottoir. Staline demeurait à ses yeux le libérateur du joug nazi, un inébranlable rempart contre l'extrême droite nationaliste et antisémite, dont les juifs roumains avaient tant souffert. La disparition de Staline signifiait le retour de la peur. Pour nombre de juifs devenus actifs dans la vie politique roumaine, peu importait la foi dans le dogme communiste que certains n'éprouvaient pas ou très superficiellement. La lumière était venue de l'Est en pleine dictature fasciste, le salut viendrait donc de l'Union soviétique. Le Parti promettait des hommes égaux en droit, la fin de la haine entre les peuples.

Ces drôles de communistes que furent mes grands-parents, à la fois si reconnaissants à l'égard des Russes, si avides d'un monde nouveau et, en même temps, si pleins de supériorité sociale et de nostalgie pour un passé non socialiste, payèrent cher leurs contradictions. Je ne parle pas de leur exclusion à venir du Parti, mais d'une vie condamnée ensuite à la solitude. La grande Sonia, cousine de Gabriela, leur rendit visite à Paris et décrivit la situation de ma grand-mère. « Les exilés roumains riches ne la recevaient pas parce qu'elle avait été communiste. Les intellectuels français, non plus. Ils étaient tous de gauche dans les années 1960 et

1970 : ils considéraient les communistes qui avaient fui comme des traîtres ou des fascistes déguisés. Gabriela ne se sentait aucune affinité avec une quelconque diaspora juive. Immigrée et sans travail, il lui était difficile de s'intégrer à la bourgeoisie parisienne. Gabriela n'avait sa place nulle part. » Il y avait du fiel dans les mots de la cousine restée à Bucarest. Il y avait du vrai, aussi.

Comment Gabriela, au faîte de sa carrière, entourée, courtisée, admirée du Tout-Bucarest, aurait-elle pu imaginer cela ? Les années 1950 avaient constitué une décennie de pleine réussite. L'ardeur stalinienne s'estompait au sein de l'élite roumaine. Nombre de prisonniers politiques furent libérés, les intellectuels retrouvaient peu à peu des postes confisqués, reprenaient des carrières brisées tandis que les éditions universitaires faisaient un bond entre 1955 et 1966.

Paix et progrès pour tous ? Sauf pour quelques-uns. Qui ? On ne savait pas, on ne le disait pas, on ne les nommait pas. Le mot qui les désignait avait disparu. Eux-mêmes s'étaient fondus dans le genre humain. Ils avaient chassé le passé qui les différenciait, les souffrances endurées au nom de leur différence. Ils ne pouvaient pas faire mieux, ils ne pouvaient pas faire plus.

Les cosmopolites

AU SORTIR DE LA GUERRE, un homme prit le contre-pied du grand oubli. Il avait des choses à dire et à montrer. Il s'appelait Matatias Carp, jeune avocat de Bucarest et pianiste virtuose. Juif, il avait été exclu du barreau dès la promulgation des lois antisémites. En janvier 1941, pendant le pogrom de Bucarest, Carp fut arrêté, tout comme mon grand-père Harry qui fit partie du convoi pour l'abattoir. Matatias Carp, lui, fut raflé à son domicile, séquestré, frappé et torturé trois jours durant dans le sous-sol d'un commissariat, après quoi il fit l'objet d'un simulacre d'exécution.

Fort heureusement, l'idée ne vint pas à la Garde de fer de perquisitionner son domicile, où il stockait déjà quantité de témoignages et de dossiers sur les exactions du régime « national-légionnaire ». Prouver les persécutions endurées par les juifs en Roumanie : Carp poursuivit frénétiquement cette folle entreprise tout au long de la guerre, au péril de sa vie. Il écrivait surtout la nuit, sa femme tapait à la machine le lendemain. L'avocat faisait remonter des informations des quatre coins du pays, envoyait des émissaires, soudoyait des soldats de la Wehrmacht pour obtenir des photos. Il finalisa son œuvre, écrite avec « son sang et ses larmes », en lui adjoignant des centaines de pièces (ordres, procès-verbaux, enquêtes, rapports des escouades de gendarmerie...). Il avait obtenu une clé du ministère de l'Intérieur en graissant la patte du gardien. En 1946, Matatias Carp parvint enfin à publier *Cartea Neagra*, trois volumes édités à compte d'auteur. Un monument. Mille pages d'horreur et d'ignominies qui soulignent combien « le fascisme roumain s'est singularisé par un certain nombre de techniques originales : des gens battus à mort ou asphyxiés dans des wagons plombés ; d'autres vendus par les soldats au plus offrant pour être tués par les paysans, qui récupéraient leurs vêtements ; d'autres littéralement coupés en morceaux et dont le sang servait à graisser les roues des charrettes, etc. » Tout s'y trouve : l'antisémitisme profond et ancien qui sévissait en Roumanie ; le pogrom de Bucarest minute par minute ; l'implication de l'État dans le massacre de Iasi comme dans les tueries de masse commises en Bessarabie, Bucovine et Transnistrie, plus insoutenables les unes que les autres.

Fureur du parti communiste. *Cartea Neagra* circula bientôt sous le manteau et finit par tomber dans un trou noir. Il fallut attendre la chute du Mur pour que le livre reparaisse dans une édition médiocre, sans commentaire. En 2009, enfin, l'historienne Alexandra Laignel-Lavastine le traduisit en français avec le sous-titre *Le Livre noir sur la destruction des juifs de Roumanie 1940-1944*, y ajoutant trois cents pages de notes et des cartes. La Shoah roumaine au grand jour.

Matatias Carp, lui, fut taxé de « nationalisme bourgeois », puis accusé de « cosmopolitisme ». « Cosmopolites sans racines », l'expression avait été mise sur orbite par Staline lui-même. Elle désignait les intellectuels juifs dits « apatrides », des juifs « errants », sans attaches, donc perpétuellement soupçonnés d'« antipatriotisme » ou de « traîtrise à la patrie ». L'État d'Israël avait vu le jour en 1948. Au lieu de s'aligner sur Moscou, il s'était tourné vers les États-Unis. La réponse de l'Union soviétique fut sans ambages. Joseph Staline laissa libre cours à ces obsessions antisémites. Mais les communistes tenaient plus que tout à se différencier des fascistes. Encore une fois, « ce qu'on ne nomme pas n'existe pas ». Point de « juifs » ou de « problème juif » dans le bloc de l'Est. La question devint celle du « cosmopolitisme ». Nouveau monde, nouvelle langue, nouvelle infamie. Sans l'admettre, mes grands-parents en portaient la marque.

Les grandes manœuvres du Parti se déroulaient pourtant sous leurs yeux, et ce dès la fin de la guerre. À croire que Harry et Gabriela ne voulaient rien voir. Après la Libération, Molotov, le bras droit de Staline, penchait pour une femme comme leader roumain à la tête des sections locales. Une Roumaine de Moldavie, Ana Pauker. Une militante exemplaire, au fanatisme trempé dans l'acier, qui n'avait pas dévié d'un pouce lorsque son mari, le communiste français Marcel Pauker, avait été arrêté et torturé en URSS avant guerre. Mais Staline écarta la candidature d'Ana Pauker. Il entendait nommer un « vrai » Roumain au poste de premier secrétaire. Ce fut Gheorghe Gheorghiu-Dej, qui gouverna sans partage.

Ana Pauker n'était pas une « vraie » Roumaine. Pour les mêmes raisons que Gabriela Deleanu, ma grand-mère, aussi zélée fût-elle au sein du Parti, n'était probablement pas considérée comme une « vraie Roumaine » et ne le serait jamais. Ana Pauker s'appelait Hannah Rabinsohn avant son mariage. Elle était juive : elle ne serait que numéro deux. Bientôt, le Parti allait lui imputer les ratés de la réforme agraire et l'éliminer, avec une grande brutalité, en 1952. L'année précédente, Staline avait reçu le premier secrétaire roumain et s'était étonné que, dans toutes les républiques populaires de l'Est, on eût découvert et arrêté des « agents du sionisme international », sauf en Roumanie. « Staline, très mécontent, lui avait demandé s'il n'avait pas relâché sa vigilance révolutionnaire pour se laisser conduire par les sentiments », relate l'historienne Catherine Durandin. Il fallait faire tomber des juifs, ne pas se laisser accuser de faiblesse. Le frère d'Ana Pauker se révéla un sioniste actif et convaincu. Au contraire, elle n'avait que faire de la Terre sainte. Ana Pauker se voulait catégoriquement laïque. Elle soutenait que les masses roumaines, fières et unies, devaient bâtir leur patrie sur leur propre territoire. Ma grand-mère partageait ce credo. L'*alyah* en Israël lui paraissait au mieux un non-sens, au pire, une insulte. Ana Pauker fut arrêtée. Chef d'accusation ? « Cosmopolitisme ».

Le Parti communiste avait ses ennemis de l'intérieur, les juifs. En Roumanie, on initia une campagne de purge pour « débarrasser le Parti des éléments étrangers et hostiles au prolétariat et au peuple roumain ». Le limogeage de Pauker fit sensation. Harry et Gabriela en avaient forcément compris la dimension. La même année, Matatias Carp, l'auteur du magistral *Livre noir*, ostracisé par le régime, quitta le pays avec son épouse et leurs deux enfants, orphelins de Transnistrie adoptés après-guerre. Ils partirent par bateau, accostèrent au port d'Haïfa, en Israël. Fumeur invétéré, Matatias Carp mourut d'un cancer des poumons quelques mois après son arrivée, à l'âge de quarante-neuf ans. Épuisé d'avoir tant lutté.

Le piège

LUCIA FILDERMAN, LA GRANDE amie des Deleanu, avait songé, elle, à partir pour Israël, d'autant que, dans l'immédiat après-guerre, avant la rupture des relations diplomatiques avec l'État juif, cela semblait relativement facile. Mais le mari de Lucia, atteint d'un cancer au poumon, se mourait. Elle lui tint la main jusqu'au bout. Bientôt anéantie par le deuil, esseulée et démunie, elle dut travailler pour la première fois de sa vie. Elle s'embaucha d'abord dans un atelier de reliure, puis mon grand-père lui vint en aide. Harry dirigeait alors le bureau des Brevets techniques à Bucarest. Elle y occupa un petit emploi, mais à quoi bon cette existence en milieu hostile ? Elle était pauvre, entachée d'un passé honteux.

À Bucarest, quelque chose avait changé. En 1957, les purges reprirent, tout comme les procès d'intellectuels. Le chercheur Matei Cazacu brosse le tableau d'« une action discrète de "roumanisation" des cadres du Parti et de l'administration ». Des fonctionnaires juifs du ministère du Commerce extérieur furent arrêtés et condamnés à de lourdes peines pour malversations économiques. On assista à des fermetures arbitraires de cabinets médicaux, de boutiques et d'ateliers. Ceux qu'on ne nommait pas existaient bel et bien. Les juifs se trouvaient menacés.

Les juifs, pas mes grands-parents qui ne se sentaient plus concernés. Harry et Gabriela Deleanu paraissaient sereins à cette période, pimpants même, aussi satisfaits de leur sort que dans les années 1930. Dans le journal intime de Mihail Sebastian, on trouve ce passage magnifique : « Nous autres, juifs, nous sommes au fond d'un optimisme enfantin, absurde, quelquefois inconscient. (C'est peut-être ce qui nous aide à vivre.) En pleine catastrophe, nous espérons encore. "Ça ira bien", répétons-nous par dérision, mais en fait nous croyons vraiment que "ça ira bien". »

En 1958, Lucia Filderman comprit que l'émigration vers Israël allait à nouveau être possible. Sa chère amie Gabriela avait beau répéter que « ça irait bien », elle ne se faisait plus aucune illusion. Elle se précipita. Les troupes militaires russes s'étaient retirées du sol roumain. Le pays se dotait d'une politique étrangère mais inféodée, à Moscou. Officiellement, le régime encourageait la « réunification familiale ». Officieusement, il autorisait à quitter le pays. Dans ses Mémoires, le grand rabbin Rosen décrit ainsi la fièvre qui s'empara de la capitale : « Quand les juifs ont entendu, à Yom Kippour 1958, qu'ils pouvaient s'inscrire pour émigrer en Israël, l'effet fut électrique. Ils commencèrent à faire la queue aux commissariats de police pour des permis de sortie. Ces scènes dramatiques se multipliaient partout dans le pays. Tous les jours, des milliers de juifs rassemblés à Bucarest à l'extérieur du commissariat central. La queue s'étirait sur des kilomètres. »

Dans la cohue, Lucia Filderman tenta sa chance et, à sa surprise, obtint une réponse favorable. Un nouveau départ lui semblait donc accordé. Combien de temps lui faudrait-il pour comprendre dans quel piège elle venait de tomber ? Combien de temps pour sentir les mâchoires du loup se refermer ?

Des hordes de citoyens qui se précipitaient pour fuir le paradis communiste roumain. L'image était désastreuse pour le pays. L'historien Radu Ioanid conclut, lapidaire : « Pour le régime, ce fut une claque dans la figure. » Quant à ces foules de juifs décidés à émigrer, elles allaient nourrir autant la paranoïa antisémite du Parti, que celle des pays arabes qui voyaient Israël accroître dangereusement son peuplement. La Roumanie boucla à nouveau ses frontières. Des milliers de permis de sortie d'abord accordés furent finalement annulés. En février 1959, *Scînteа* – qui signifie « étincelle », l'organe de presse du Parti communiste roumain – consacra sa une à la « menace sioniste ». Les étudiants juifs furent renvoyés des universités. Les candidats au départ devinrent infréquentables. En guise de représailles, Lucia perdit son travail. Son nom sur les listes de l'ambassade israélienne la condamnait à l'opprobre et à la misère. Il ne lui restait plus pour survivre que les denrées expédiées par la famille, depuis la France. Elle revendit au marché noir ce qui avait échappé à la fouille des douaniers : du rouge à lèvres, du savon, des bas Nylon, des épingles à cheveux…

Lucia ne tint pas longtemps. Sévère, condescendante, âpre au gain, elle irritait ses clients occasionnels. L'un d'eux la dénonça. Elle passa dix mois en prison, déplacée de pénitencier en pénitencier toujours plus crasseux et surpeuplé. Durant sa détention, ma grand-mère vida son modeste logement de Bucarest. Les meubles et bibelots de Lucia vinrent encombrer la maison des Deleanu. Les filles prirent en horreur ces intrus qui colonisaient leur espace vital et mettaient toute la famille en danger. Chaque babiole de Lucia rendait son propriétaire coupable d'un crime d'opinion particulièrement honteux : la nostalgie d'une Roumanie tournée vers l'Europe, une Roumanie « cosmopolite ».

Un jour viendrait où ma grand-mère, rattrapée par ses origines juives, serait à son tour taxée de « cosmopolitisme ». Là, certains trésors de Lucia deviendraient carrément compromettants. Ma grand-mère et ma mère s'empresseraient alors de détruire la collection de vues imprimées sur verre, somptueuses images de voyage que l'on glissait dans des appareils optiques appelés stéréoscopes. Lucia Filderman avait parcouru des terres lointaines avec feu son époux, visité de grandes capitales et descendu le Nil en bateau à vapeur. Impossible pour les Deleanu de conserver ces clichés aux couleurs surjouées sans être suspectés d'avoir frayé avec l'étranger. La Securitate aurait cherché à savoir où, quand exactement, comment et avec qui : des heures d'interrogatoire supplémentaires.

Aussi, le soir venu, Gabriela et Marina iraient-elles au jardin broyer à coups de pelle ces magnifiques autochromes jusqu'à ce qu'il ne reste plus rien du fleuve égyptien. Une fois le bleu éclatant réduit en poussière de verre, elles creuseraient un trou et feraient disparaître six pieds sous terre les souvenirs tristement atomisés de cette existence dorée. Les mouchards du Parti ne songeraient jamais à fouiller les platebandes du pavillon. Pas mécontente de les avoir bernés, ma mère pourrait retrouver aujourd'hui l'emplacement de cet enfouissement les yeux fermés. Elle avait douze ans.

La disgrâce

LES FILLES DELEANU n'entendaient jamais leurs parents critiquer le régime. Ma grand-mère se permettait des sorties vipérines sur l'imbécillité des uns ou l'opportunisme des autres, mais pas un mot plus haut que l'autre concernant le système. Les deux sœurs avaient noté le décalage entre ce qu'on leur rabâchait chez les pionniers et ce qui se disait à la maison. Elles percevaient, aussi, l'inévitable ironie lorsqu'on abordait tel ou tel sujet. Mais quoi de moins explicite que ce sempiternel second degré ? La famille avait néanmoins pris l'habitude d'enfouir le téléphone sous un gros coussin et l'on conversait avec les visiteurs à voix basse. Le combiné pouvait être équipé d'un micro, qui sait.

La première suspectée de déviance fut Gabriela. Elle entraîna Harry dans sa chute.

L'affaire s'est probablement nouée au Conservatoire national où ma grand-mère exerçait. Ses étudiantes défilaient dans son bureau. Toutes se plaignaient de subir, de la part de la Securitate, des interrogatoires répétés, intrusifs et dégradants. La police politique voulait savoir si elles avaient eu des relations sexuelles avec un autre de leurs professeurs, un homme de soixante-cinq ans, musicien de renom, pianiste et critique musical, bardé de récompenses dans l'entre-deux-guerres, auteur d'une myriade de symphonies. Il avait étudié à Paris où il avait été l'élève de Gabriel Fauré. En 1959, il fut accusé de sympathie pour la musique décadente et dut publier dans la presse une longue autocritique. On lui interdit la musique à jamais. Le professeur se vit aussi condamné pour son homosexualité. L'enquête sur ses mœurs – menée avec acharnement au Conservatoire – préfigurait sans doute son bannissement à venir.

Aucune question intime ne fut épargnée aux élèves qui fréquentaient sa classe. Gabriela s'indigna du traitement réservé notamment aux jeunes femmes. Elle était scandalisée par les demandes déplacées et les manières dégoûtantes de l'agent qui conduisait l'instruction. Elle s'en plaignit en réunion de cellule. Mais de quel droit se mêlait-elle d'une enquête en cours ? Qui protégeait-elle ? Comment osait-elle faire obstruction à la Sécurité intérieure ? Son exclusion du Parti communiste roumain fut prononcée dans la foulée, avec effet immédiat.

Ma grand-mère perdit tous ses emplois, à commencer par son poste au Conservatoire dont on la chassa. Pour quel motif ? Gabriela Deleanu fut, entre autres, accusée d'avoir sciemment cassé les instruments de musique du Conservatoire, à moins que ce ne fût ceux de son orchestre à la Cinématographie nationale ! Il est plaisant d'imaginer ma grand-mère désossant des harpes, crevant une à une les percussions de l'orchestre, sautant à pieds joints sur des violoncelles et fracassant des pianos à coups de clarinette. Justification aberrante, mais néanmoins rédhibitoire. Il lui fut interdit d'approcher le saint des saints, cette maison de musique où elle avait passé toute sa vie.

Plus délirant encore quoique beaucoup plus grave, la Securitate soupçonnait aussi Gabriela d'espionnage pour les « Anglo-Américains ». Juste après la guerre, soucieuse de rattraper le temps perdu, ma grand-mère s'était trouvé des leçons particulières d'anglais dispensées par deux sœurs, les Samueli, qui recevaient à leur domicile. Or ces deux femmes furent arrêtées à Bucarest, au début des années 1950, pour « traîtrise et activités d'espionnage ». Activité bien réelle : elles étaient de véritables espionnes. À cette période, la Grande-Bretagne assurait, en Roumanie, la représentation diplomatique des États-Unis. Les sœurs Samueli opéraient ainsi pour les deux pays à la fois. Après une longue incarcération, l'une serait naturalisée britannique et l'autre deviendrait américaine.

Évidemment, Gabriela ignorait tout de la double vie de ses professeures d'anglais. Et elle ne pouvait imaginer un instant que les sœurs avaient parlé d'elle durant leurs interrogatoires. L'une des Samueli avait en effet raconté à la Securitate les fréquentes visites de Gabriela Deleanu à leur domicile. Elle avait décrit la nature enjouée de ma grand-mère et sa propension au bavardage. Au passage, l'espionne avait mentionné des informations de premier ordre que Gabriela leur livrait sans le savoir. La Samueli conclut que ma grand-mère aurait fait une parfaite recrue, compte tenu de son agilité intellectuelle, son maniement des langues, ses talents de séductrice et son caractère bien trempé. Si les sœurs Samueli n'avaient pas été interceptées, elles se seraient employées à la « retourner ». De telles déclarations revenaient à signer l'arrêt de mort de ma grand-mère. Pourquoi faire état de ce projet de recrutement alors qu'il n'a jamais eu lieu ? Pourquoi donner le nom de Gabriela alors qu'elle était étrangère à toutes leurs activités ? Pour que cessent enfin les interrogatoires. Pour marchander une remise de peine. Ou bien pour faire diversion et ne rien révéler de réellement compromettant. On ne le saura jamais.

Quelles étaient ces « précieuses » informations, involontairement transmises par Gabriela à ses professeures d'anglais ? Elles figurent dans le dossier de ma grand-mère, aujourd'hui déclassifié. À l'époque où son mari, Harry, travaillait à l'usine Gallia, il avait dû faire face à un mouvement de grève très suivi par les ouvriers. Il eut alors l'idée d'en parler au cousin de Gabriela, Matei Socor, membre éminent du Parti, pour qu'il intercède auprès de la cellule communiste de l'usine et que le syndicat encourage à la reprise du travail. Rien d'autre. Mais briser une grève relevait du crime contre les travailleurs, éclabousser le Parti dans pareil scandale était inqualifiable et s'en vanter auprès d'agents anglo-américains revenait à compromettre la République populaire tout entière. Gabriela aurait dû se taire.

La séance

LE PARTI INFLIGEA à Gabriela une séance d'exclusion qui fut sans doute la chose la plus brutale et la plus humiliante qu'elle eût jamais à subir. Seule face à ses procureurs, elle dut encaisser sans broncher un déferlement accusatoire proféré avec hargne et perfidie. L'idée consistait à l'ensevelir sous les insultes et les mensonges. À la matraquer avec des mots. Jusqu'à ce qu'elle demande grâce. C'était mal connaître ma grand-mère. Elle entendait faire savoir à ces chiens hurlants qui elle était. Il ne lui restait rien à sauver, sinon l'orgueil qui la définissait. Gabriela Deleanu, la tête haute, pour la toute dernière fois. Elle se leva, le regard fier, et visa la porte. Elle voulait avancer d'un pas ferme, la claquer à grand fracas. Camarades et chefs de cellules continueraient d'aboyer face à une chaise vide. Longtemps, on parlerait de sa sortie. C'est alors qu'elle sentit couler entre ses jambes un flux tiède et abondant. Elle se figea. Ça ne s'arrêtait pas. Elle avait presque cinquante ans, n'avait plus eu ses règles depuis longtemps. Elle sentit ses sous-vêtements s'imprégner. Elle serra les cuisses, balaya l'arrière de sa jupe d'une main furtive, sentit la tache s'étendre. Du sang, du sang.

Elle ne pouvait plus tourner le dos à ses procureurs. Elle se rassit, plus sidérée par ce que son corps lui infligeait que par le déluge d'injures qui perdurait. Paralysée sur sa chaise, les pupilles vides, elle essuya la séance jusqu'à son dernier mot. Et sortit la dernière, les vêtements souillés. Une secrétaire était restée pour l'aider.

Les voleurs

La position de mon grand-père devenait proprement intenable. Il perdit son titre de directeur des industries de Bucarest et se vit rétrogradé à une tâche subalterne, recasé comme simple correcteur aux éditions techniques du régime. Son maigre salaire allait constituer l'unique revenu d'une famille de cinq personnes, puisque la grand-mère, Roza, dotée d'une minuscule retraite, habitait leur maison.

Il fut à son tour exclu du Parti communiste. On assortit sa révocation d'une mise en scène outrageuse. Il eut droit à une séance en forme de défouloir public. Généralement, le camarade désavoué sortait de cette épreuve avili et discrédité à jamais.

Les comptes rendus de la Securitate font mention d'un double grief à l'endroit de Harry. Il était accusé d'avoir « volé des brevets au Bureau des brevets » – bureau qu'il dirigeait avant son poste à la municipalité – et de « les avoir vendus pour plusieurs millions de dollars aux États-Unis ». Quel secret industriel pouvaient bien contenir ces brevets pour que l'Amérique les achète pareille fortune ? Qui, outre-Atlantique, s'intéressait à ce point à des formulaires roumains ? Où étaient passés tous ces millions ? Nul ne le sut et ne chercha jamais à le savoir. L'enquête préliminaire n'était que lacunes, incongruités et divagations. Dommage. Ma cousine, ma sœur et moi serions ravies qu'une énorme malle de billets verts nous attende quelque part dans les sous-sols de Washington ! Après tout, cela peut encore venir…

Peu importait la vraisemblance de ces allégations, Harry Deleanu passait pour avoir mis sur pied une « escroquerie de grande ampleur », selon le témoignage d'un confrère ingénieur que la Securitate félicitait chaleureusement pour sa « contribution au nettoyage des éléments douteux de l'appareil d'État ». Ce « témoin » ajouta que Harry se servait de la position de son épouse, Gabriela, au ministère de la Culture pour couvrir ses agissements et dissimuler des fonds détournés. Il prit soin de préciser aussi que Harry était marié à « une fille et nièce de sionistes » qui n'attendait qu'une chose : « partir à l'étranger pour jouir de cet argent dérobé au peuple roumain ». Nous y voilà. Tout serviteur de l'État et du Parti qu'il fut, le juif roumain ne pouvait pas être un vrai Roumain. Forcément complice de puissances étrangères, forcément avide, forcément voleur et forcément attiré par une vie ailleurs, c'est-à-dire, en Israël.

Harry Deleanu était aussi accusé – en toute simplicité – d'avoir « volontairement affamé le peuple roumain ». Les usines de panification de la région de Bucarest se trouvaient en effet sous sa tutelle. Le pain était livré chaud dans les magasins d'alimentation. Cela posait un certain nombre de problèmes car la production était insuffisante. Or l'odeur des miches fumantes attirant le chaland, les étalages se vidaient aussi vite qu'ils étaient remplis. Mon grand-père avait simplement recommandé de faire refroidir le pain à l'usine avant sa livraison. Il n'était pas question de le retirer de la bouche des Roumains.

Les dossiers du couple Deleanu débordent de paperasses inutiles et archivées en dépit du bon sens, de rapports de surveillance, de calomnies récoltées ici et là, de dénonciations émanant de connaissances, mais aussi de quidams ayant voulu « se rendre utiles ». En cela, le portrait de mes grands-parents consigné par la police politique ne diffère en rien de la production administrative complètement déréglée du régime. À ceci près que les délits qui leur sont reprochés égrènent tous les poncifs antisémites que la période fasciste s'était appliquée à sédimenter dans l'imaginaire collectif roumain et que les communistes n'avaient jamais cessé de reprendre à leur compte, sans l'assumer. Le juif traître. Le juif menteur. Le juif riche. Le juif qui dissimule son trésor. Le juif qui affame le peuple. Harry et Gabriela n'étaient ici coupables que d'une chose : être juifs. Quel autre motif pouvait-on extraire de ce fatras inquisiteur, sinon des caricatures haineuses et à peine dissimulées ?

En un rien de temps, mes grands-parents devinrent infréquentables. En un rien de temps, le vide se fit autour d'eux. L'argent vint à manquer. Harry s'accrochait, il avait charge d'âmes. Gabriela ruminait. Sa propre mère, dépressive et phobique, vivait volontairement recluse depuis des lustres. Gabriela aussi s'enferma. Elle maugréait, ressassait sa rancœur, disait du mal de tout un chacun. Qui avait parlé ? Qui l'avait mouillée ? Qui l'avait salie ? Elle n'avait pas accès à son propre dossier. Rongée par l'anxiété et la paranoïa, elle s'acharnait à vouloir le reconstituer.

Les filles, Lena et Marina, ne trouvaient plus où se réfugier. Dehors, elles se sentaient démasquées, marquées du sceau de l'infamie qui frappait leurs parents. Dedans, régnait le désespoir le plus total et la peur. La peur des juifs de Roumanie.

Les cochons

La belle-famille

LA RICHISSIME FAMILLE FILDERMAN avait plié bagage à Paris, laissant un fils et une belle-fille dans les geôles de Roumanie. L'argent des Filderman devait servir à les faire libérer. Lucia, d'abord. Ils n'oubliaient pas qu'elle avait été mariée à l'un des leurs et qu'elle portait encore leur prestigieux patronyme. Son état de santé se dégradait en prison. L'amie de ma grand-mère perdait ses cheveux par plaques entières et sa vue se brouillait. Les nouvelles étaient alarmantes. À sa sortie, on diagnostiquerait à Lucia un glaucome. Je sais aujourd'hui qu'elle est morte aveugle, car le mal n'a pas été soigné à temps. L'autre Filderman encore en Roumanie constituait un dossier épineux : Leopold, dit « Poldi », le frère du mari de Lucia. Il était avocat, membre de l'ancien parti paysan, qualifié de « force réactionnaire » par le régime communiste. Poldi appartenait à la catégorie des prisonniers politiques dont on ne négocie pas la sortie à coups de bakchich. Il se vit condamné aux travaux forcés, affecté à la construction du canal censé relier le Danube à la mer Noire, le goulag roumain. Combien de détenus ont payé de leur vie la construction de cet ouvrage pharaonique ?

Les Filderman remuaient ciel et terre pour Poldi, mais la Securitate se montrait intraitable, pointant ses « activités politiques sociales-démocrates » (c'est la mention qui figure dans le rapport). Il fallait taper plus haut et plus fort. À Paris, un nom circulait sous le manteau. Un passeur. Il disposait de rabatteurs, sachant renifler l'argent et la détresse de familles roumaines exilées. On parlait de lui à voix basse. La police politique avait des oreilles partout, même à l'Ouest. On disait que le passeur coûtait cher, très cher même. On disait qu'il était fiable. On disait qu'il exigeait une confortable avance pour commencer à opérer. On disait que le solde lui était versé une fois seulement le ressortissant arrivé à l'Ouest. On disait qu'il était citoyen britannique, mais que l'argent devait être déposé à Lucerne sur un compte du Crédit suisse. On disait que cet homme entrait et sortait de Roumanie comme bon lui semblait, ce qui paraissait à la fois louche et prodigieux. On disait tout cela, mais on ne se l'expliquait pas. Sans jamais le rencontrer, les

Filderman s'en remirent à lui. Concernant leur belle-fille, ils obtinrent un résultat immédiat.

Lucia Filderman quitta la prison, titubante, éreintée. Elle vint vivre chez mes grands-parents. On lui octroya une partie du salon séparée par un rideau. Roza, la mère de Gabriela, partageait déjà la chambre de ses petites-filles, et la femme de ménage vivait dans l'arrière-cuisine. Après guerre, les Deleanu avaient voulu accroître le taux d'occupation de leur maison et échapper ainsi à l'obligation d'héberger une autre famille. Lorsqu'on avait nationalisé les biens, chaque mètre carré était compté chez les particuliers. Là, en ce début 1961, la promiscuité mettait tout le monde sur les nerfs. Heureusement, elle ne dura pas. Le passeur agissait dans l'ombre et ouvrit une voie vers l'Ouest à Lucia. Mes grands-parents accompagnèrent leur amie à l'aéroport. Elle quitta le sol roumain sans encombre. Gabriela l'avait aidée à faire sa malle. Les deux femmes s'étaient parlé. « Tu pars la première, tu nous fais venir ensuite », avait lancé ma grand-mère.

Avant son départ, Lucia Filderman avait pris soin d'en toucher un mot au passeur. En haussant les épaules, l'homme avait prévenu : contentieux politique, famille de cinq personnes dont deux ex-membres du Parti, l'affaire serait coûteuse. Qu'on se procure d'abord l'argent et qu'on lui fasse signe lorsque la somme serait réunie. Lucia Filderman connaissait maintenant son nom, Henry Jacober. Et elle savait où le trouver. Dans sa suite au premier étage de l'Athénée Palace, mythique hôtel de Bucarest. Sinon, à Londres, 55 Park Lane, appartement n° 158. Cette adresse hébergeait le siège de Three Mile Pound Farm, une société d'import-export spécialisée dans le grain et… le bétail. Ainsi Lucia Filderman, comme Harry et Gabriela Deleanu après elle, avaient-ils la clé de leur départ sous les yeux. Aucun d'entre eux, pourtant, n'a compris.

La dette

HENRY JACOBER AVAIT DONNÉ son prix : douze mille dollars américains. Aucune famille roumaine séquestrée entre quatre murs à Bucarest ne disposait de devises étrangères, et ne pouvait réunir une somme pareille. Harry songea au pays et à la famille qui l'avaient vu naître, à la kyrielle d'oncles et de tantes restés au Texas. Quant à la sœur de Harry, elle avait profité d'une furtive ouverture des frontières juste après la Seconde Guerre mondiale et avait filé au Canada. Un appel à l'aide fut donc lancé outre-Atlantique. Un comble ! Mon grand-père mesurait-il l'intensité de la propagande antirouge que distillait, en pleine guerre froide, l'Amérique ? Avait-il la moindre idée de la terreur qu'inspiraient les communistes à chaque citoyen américain et canadien ? Nous étions en 1961, au pic de l'obsession et du matraquage…

Le refus des Greenberg de Houston se fit sec et catégorique : Harry n'aurait pas un penny. À Montréal, pas mieux. La sœur de mon grand-père donna à la hauteur de ses menus moyens, mais sa belle-famille avait en horreur la carrière communiste de ce Harry. Ces gens étaient convaincus qu'il avait appelé sa fille aînée Lena en hommage à Lénine et que la cadette, Marina, aurait dû se prénommer Stalina ! Lénina et Stalina, l'anecdote nous faisait mourir de rire, ma sœur, ma cousine et moi. La réalité est moins drôle. « Il a voulu vivre chez les bolcheviques, qu'il y reste ! » s'écrièrent en cœur les Texans qui tournèrent le dos à leurs lointains cousins. Réaction viscérale d'Américains face à un ressortissant du bloc soviétique. Réaction, aussi, d'une famille face à un étranger qui ne portait même plus leur nom. « Deleanu ? Mais de qui nous parle-t-on ? » Le prix à payer lorsqu'on emprunte son patronyme à la fiction.

Lucia ne doutait pas qu'elle récupérerait les fonds une fois la famille arrivée à Paris. Ce fut entendu : elle avancerait l'argent. Mes grands-parents la rembourseraient au fur et à mesure qu'ils retrouveraient du travail en France. Ainsi allait-elle devenir l'usurière des Deleanu, ce qui la rendrait toujours plus intrusive et autoritaire. Ma mère et sa sœur garderaient un souvenir cuisant de son omniprésence dans leur adolescence.

L'été approchait. Des agents en civil se rendirent, mielleux comme il se doit, au domicile de la famille. Marina, ma mère, les revoit encore. Collégienne timide, c'est elle qui leur ouvrit la grille du jardin. Harry était absent cet après-midi-là. Dans le vestibule, Gabriela entama seule la conversation. Elle maniait avec dextérité la langue des passe-droits et des faux-semblants. Elle savait choisir les mots, dire sans dire. Les agents ne lui annoncèrent rien de notable. Leurs phrases sibyllines contenaient pourtant un message de haute importance. On les invitait, elle et son mari, à demander un passeport. Le passeur avait dû accomplir sa tâche. Le feu passait au vert.

En réalité, partir signifiait renoncer à la nationalité roumaine. Il ne serait donc jamais question d'un passeport, mais d'un simple visa de sortie, tamponné sur une feuille de route. L'exil devenait néanmoins tangible. Il était temps de l'annoncer aux enfants. Ce fut un séisme. Biberonnées à l'école de la République populaire, le socialisme pour seul imaginaire, les filles n'avaient jamais songé à traverser une frontière. À quoi pouvait ressembler une existence dans cet Occident secrètement fantasmé, mais tellement redouté ? Ce départ était-il une fuite ? Faudrait-il se cacher ? On ne leur avait pas tout dit, mais elles avaient compris : leurs parents étaient anéantis. Pas elles, pas elles. Pourquoi les arracher ainsi à leur vie ? Lena venait d'entrer au lycée. Le jeune Stefan lui avait déclaré sa flamme. Il était son premier amour. Elle ne pourrait pas s'en séparer. Jamais. Elle serrait les poings, se cabrait. Marina se taisait, enlaçait Ciucu, le chat gris qui louchait et qui sentait le danger, son chat adoré. Elle seule savait comment enfoncer les doigts dans les plis de son pelage, comment le faire ronronner. Ciucu, il faudrait le laisser, il faudrait l'abandonner ? Tout se brouillait. Ça faisait trop de choses à penser.

La maison

ON COMMENÇA À VIDER le joli pavillon. Les filles partirent à la montagne avec des amis de leurs parents, un couple sans enfant, très attaché à Lena et Marina. Dernières vacances roumaines, loin du dépeçage fiévreux qui s'amorçait à Bucarest. Harry et Gabriela poussaient des escabeaux et remplissaient des cartons sous une chaleur accablante, les mains dans la poussière et les souvenirs. La tâche se révéla considérable : il fallait tout vider et tout vendre. Après leur départ, ce qui resterait serait saisi par les autorités, à commencer par la maison elle-même, spacieuse et cossue. Elle serait attribuée à un camarade bien en vue.

Pour se rendre jusqu'au perron, on traversait un parterre soigné. Sur le flanc de la bâtisse, on apercevait une pergola, couverte de vigne vierge et de rosiers grimpants, jaunes et incroyablement odorants. C'était là, les soirs d'été, que les Deleanu s'asseyaient et dégustaient la pastèque fraîche. Parce que mon grand-père était pistonné, il put acheter en 1957 un vieux réfrigérateur qu'il fit installer dans la cuisine du rez-de-chaussée, à la place de la traditionnelle glacière en chêne et zinc. À Bucarest, dès le mois de juin, on obstruait les fenêtres avec des rouleaux de papier huilé, la chaleur atteignait des seuils insupportables. Le réfrigérateur, bien que modèle américain de troisième main, s'avérait une bénédiction. Un ami de Harry, ingénieur du froid, se déplaçait tous les quatre matins pour le réparer.

Le grenier de la maison abritait la pièce de couture de ma grand-mère et une buanderie où trônait la cuve en fonte sous laquelle on allumait un feu les jours de lessive. À l'étage se trouvaient deux belles chambres. Au rez-de-chaussée, le petit bureau de mon grand-père était surélevé de quelques marches et séparé de la salle à manger par une vitrine. Dans le salon, le piano de Gabriela, bien sûr, et des murs couverts de tableaux. On avait réservé une place de choix au portrait de Lénine. Une estampe japonaise était accrochée au-dessus du grand fauteuil, on s'en séparerait sans regret. Les toiles de Salomon Sanielevici, l'oncle de Gabriela mort prématurément et érigé au rang de trésor national, en revanche, ce serait un crève-cœur. Le régime contrôlait avec un soin méticuleux la circulation des œuvres d'art qui ne pouvaient sortir du territoire. Il fallut distribuer les toiles aux cousins. L'un d'eux, après la chute du régime en 1989, rapporta à ma mère la grande nature morte de leur salle à manger. Il l'avait retirée de son châssis, pliée en quatre et méthodiquement aplatie au fond de son sac de voyage. Le tableau en était ressorti craquelé et strié à vie, mais au moins, il était à Paris !

Quant aux gravures du fameux oncle, Marina, du haut de ses quatorze ans, proposa qu'on les expédie en France par la Poste. Le stratagème fonctionna, la censure n'y vit que du feu. Malheureusement, aucune de ces œuvres n'entrait dans les enveloppes de l'époque. Aussi ma mère les découpa-t-elle consciencieusement, taillant dans la bordure que les graveurs appellent la « cuvette ». Une hérésie. Elle s'en veut encore.

Enfin, pour les remercier de l'avoir logée, Lucia Filderman avait offert à mes grands-parents une icône ancienne, prétendument byzantine, peinte sur bois et incrustée d'argent. Elle n'avait à leurs yeux aucune valeur religieuse, mais c'était un très bel objet. Qu'en faire ? La question se posait également pour les tableaux d'un autre peintre, assez coté, nommé Tâmpeanu. Une connaissance de Harry lui recommanda un diplomate polonais qui flaira la bonne affaire. Il vint à la maison examiner les œuvres, puis convainquit mon grand-père de lui confier le tout. Avec force sourires, l'homme prétendit qu'il les ferait sortir à sa guise par la valise officielle et qu'il les lui restituerait une fois passées à l'Ouest. Mon grand-père n'en revit, évidemment, jamais la couleur. Et de ce Polonais, on ne retrouva jamais la trace.

La première fois que j'ai fait le voyage en Roumanie, j'ai pu visiter la maison. Nous étions au début des années 2000, la famille qui occupait les lieux était toujours la même. Une dame d'âge mûr nous ouvrit. Elle était arrivée là petite fille. Le Parti avait octroyé la maison à ses parents, immédiatement après le départ des Deleanu. Ma mère n'en crut pas ses yeux. Le quartier s'était densifié. Le jardin était défiguré. Nul n'avait entretenu le pavillon qui décrépissait. Toutefois, à l'intérieur, sous le fatras et la saleté, tout était resté intact. Ma mère reconnut les poignées de porte de son enfance, la penderie de sa chambre, le parquet du palier, le carrelage, les porte-savons et les patères de la salle de bains, les radiateurs en acier forgé, la paillasse de la cuisine. Pièce après pièce, les souvenirs ressurgissaient en rafales. L'émoi fut intense.

Pour moi, cela collait avec l'idée que je me faisais de la Roumanie, un pays figé en 1961, lorsque ma mère, ma tante, mes grands-parents et mon arrière-grand-mère furent forcés d'émigrer. Bien sûr, depuis Paris, nous avions suivi à la télévision les soubresauts de la révolution de 1989, la mise à bas du régime et l'exécution de son dernier dictateur, Nicolae Ceauşescu. La famille était en état de choc, mais ensuite, le fil s'était rompu. Je ne parlais pas roumain et n'avais pas grand-chose à voir avec cette nation aux frontières incompréhensibles. Pour ma mère, c'était différent. La fin du bloc communiste signifiait l'autorisation de refaire le voyage à l'envers. De reprendre langue. De reprendre racine. De faire valoir ses droits. D'obtenir réparation. Après la mort des siens – ma tante Lena a été emportée par un cancer avant l'âge de cinquante ans –, Marina, la dernière des Deleanu, entreprit d'assigner en justice l'État roumain. Elle n'égraina pas les mille et un bonheurs dont on l'avait privée. Elle n'exhuma pas, non plus, les revers hideux qu'on avait infligés à sa famille. Elle reprit sa maison. Il ne s'agissait plus de l'habiter, seulement de réparer l'injustice et de prouver que « rien n'est irréversible à part la mort ». Ce furent les mots de Marina quand elle remporta le procès.

Les Lumières

L'ANNÉE 1961 EUT RAISON du Bechstein. Le vénéré piano avait tenu tête à la guerre, nargué la République populaire, il abdiquait face à l'exil. L'instrument ne pouvait pas voyager de l'autre côté du Rideau de fer. Gabriela dut se résoudre à le vendre. Pareille rareté trouva vite acquéreur. Une poignée d'hommes vinrent en démonter les pieds et emmitoufler le cadre avant de l'embarquer. Cela prit toute une journée. Les filles rentraient à peine de leurs vacances. Elles assistèrent accablées à la scène. Pour ma grand-mère, ce fut un tel arrachement qu'elle en éprouva un malaise physique. Elle dut quitter la pièce. Elle prit Lena par la main, monta à l'étage, poussa le son de la radio et dansa avec son aînée pour ne rien entendre de ce qui se passait au rez-de-chaussée. L'instrument fut enlevé.

Cela faisait mal sur le moment, très mal, mais cela passerait. Gabriela s'y ferait. Elle et son mari savaient pourquoi ils consentaient à tant de sacrifices. Ils savaient qu'à l'Ouest, un autre monde existait. Ils l'avaient connu. Ils avaient voyagé dans un même train pour Paris au mitan des années 1930. Cette ville les avait éblouis et ils l'avaient choisie pour émigrer. Bien sûr, mon grand-père aurait préféré retrouver *son* Italie, mais le pays n'accueillait pas de nouveaux venus, c'étaient les Italiens qui émigraient à l'époque. Paris, alors : malgré les interdits du Parti, les Roumains se sentaient un lien indéfectible avec Paris, la cité sœur de Bucarest. Ils n'avaient pas oublié le 22 juin 1940, lorsque la France rangée derrière le maréchal Pétain avait signé l'armistice avec l'Allemagne nazie. Ils s'étaient sentis délaissés, trahis. « La France dépose les armes ! [...] Il en va comme de la mort d'un être cher. On ne comprend pas. On n'y croit pas. La pensée s'arrête, le cœur ne sent plus rien », confiait ce jour-là Mihail Sebastian à son journal intime. Ce fut un jour de deuil à Bucarest.

Cette histoire-là fut, pourtant, vite ensevelie sous le récit communiste. Que Lena et Marina, nées en 1945 et 1947, pouvaient-elles se raconter de Paris ? Elles pensaient sincèrement que le socialisme finirait par triompher dans le monde entier et que les communistes les rattraperaient sur les Champs-Élysées. Elles avaient entendu parler de

Paris, comme de toutes les grandes capitales de l'Ouest : symboles de perdition capitaliste, repaires d'ennemis du peuple. Elles ne prenaient rien de tout cela au pied de la lettre, mais elles n'entendaient rien non plus au charabia de leur mère sur la capitale du pays des Lumières. Gabriela, dans un mélange de naïveté et de snobisme, pensait sincèrement trouver à Paris des salons littéraires. Des salons, comme au XVIIIe siècle ! Elle me l'a avoué quand j'étais petite. Elle riait de sa propre bêtise. En réalité, la désillusion l'avait rendue terriblement amère. Cependant, en 1961, année de leur départ, ma grand-mère y croyait encore dur comme fer. Plus que quelques semaines à tenir et ses filles verraient de quoi Paris était fait.

Au lieu de cela, l'automne venu, la machine se grippa. La Securitate opéra une descente chez mes grands-parents. Les papiers, les précieux papiers, les feuilles de route, leur furent brusquement retirés sans raison invoquée. Le départ devenait impossible, l'Occident inaccessible. Paris s'effaçait de l'autre côté du Mur. Mais on ne leur rendit pas non plus leurs cartes d'identité, puisqu'ils avaient perdu leur nationalité. Ils étaient déjà des renégats, ils devinrent des parias.

Les mois qui suivirent tournèrent au cauchemar. Ma mère et sa sœur, supposées avoir quitté

Bucarest à la rentrée, n'étaient pas réinscrites au collège et au lycée. Leur présence n'y était d'ailleurs plus souhaitée. Déscolarisées, elles étaient livrées à elles-mêmes, à leur inexprimable détresse. Elles sortaient le moins possible, n'osaient plus faire face à leurs anciens camarades de classe. Maudit départ manqué qui les excommuniait. Les parents ne touchaient plus aucun revenu et mangeaient les économies prévues pour le voyage. Lena et Marina faisaient chaque semaine de petits paquets et allaient vendre chez les bouquinistes les derniers livres du salon pour récupérer quelques sous.

Le plus pénible était l'absence. Les amis avaient déserté la maison. Les cousins se tenaient à distance pour éviter les contagieux soupçons de la Securitate. Le téléphone avait cessé de sonner. Même Grete, avec qui Gabriela papotait tant et tant, n'appelait plus. Ma grand-mère broyait du noir du matin au soir. En ville, les passants préféraient changer de trottoir plutôt que d'être vus saluant Harry Deleanu. Dès l'exclusion de Gabriela, la famille avait été placée sous surveillance. Une berline noire stationnait jour et nuit à l'angle du square qui jouxtait leur pavillon. Pas besoin de se pencher par la fenêtre, on l'apercevait en écartant du doigt les rideaux. Les journées passaient lentement. La sombre silhouette d'acier, lourde et immobile, trônait inamovible au bout de la rue. Son rétroviseur les scrutait. Il hante encore les nuits de Marina aujourd'hui.

L'appel

UN HOMME, LA SOIXANTAINE ventrue mais gaillarde, pousse la porte tambour de l'Athénée Palace, le plus bel hôtel de la ville. D'un regard vif malgré des sourcils broussailleux et d'épaisses lunettes écailles, il embrasse le hall. À l'instant, les grooms s'agitent et les barmen saluent. La réception fait préparer sa suite. Il se contente de quelques mots dans un roumain grossier. Simple formalité : Henry Jacober est un habitué, aux pourboires généreux et aux valises pleines de denrées venues de l'étranger. Le passeur est de retour. Il faut le saisir au vol. L'homme n'aime pas s'attarder à Bucarest. Il se sait suivi, pisté à la trace par des agents de la Securitate dont le hall du grand hôtel est infesté.

Les mouchards ont repéré le puissant trafiquant. Ils connaissent ses activités : marchand de céréales et importateur de bétail. Ils n'ont aucune information sur ses relations à Londres, mais consignent méthodiquement ses entrevues avec les plus hautes instances du gouvernement et avec celles du Parti communiste à Bucarest. En revanche, les grouillots de la Securitate ignorent qu'en plus de faire voyager des sacs de grains et des bestiaux, le négociant transporte des êtres humains. Et pas n'importe lesquels.

« Un appel pour Mister Jacober ! » L'Anglais fait signe qu'il prendra la communication dans sa chambre. Ses activités réclament la confidentialité : en effet, depuis des mois, il brasse des sommes considérables et fait sortir des dizaines de Roumains du pays. Par quel miracle ? C'est l'un des secrets les mieux gardés de la République populaire roumaine.

Même le Premier ministre de l'époque n'était au courant de rien. Dès lors, il arrivait que les ordres se perdissent, que des demandes étrangement débloquées par Henry Jacober fussent reléguées à fond de cale. La bureaucratie du régime était réputée pour ses cohortes d'agents bornés et corrompus. Les archives de la Securitate, dédales d'injonctions contradictoires, transcrites dans un roumain primaire et entaché de fautes, disent aujourd'hui l'inculture crasse de ces bataillons d'incapables autant que leur capacité de nuisance. À la nullité s'ajoutait le zèle. Ainsi, les affaires du passeur prenaient-elles du retard, échouaient-elles même parfois, ce qui déclenchait son courroux. Henry Jacober n'aimait perdre ni son temps, ni son argent.

Ce coup de fil annonce des contrariétés. Jacober attend, agacé, un appel de Paris. Cet automne 1961 n'en finit plus. Le passeur trépigne. Il lui a fallu revenir à Bucarest pour arracher des laissez-passer à des subalternes ignares qu'il va secouer comme des pruniers. Il va remonter haut, très haut même. Il l'a déjà fait. En Roumanie, tout est une question de prix. Le pays a de grands besoins. Pour Harry et Gabriela Deleanu, les deux gamines et la grand-mère dont les autorités n'ont que faire, ce sera comme pour les autres. On rallongera la sauce et ça suivra.

Mais cela ne suit pas. Lucia Filderman s'annonce à l'autre bout du fil. Bien sûr que Jacober se souvient d'elle. Il l'a fait libérer d'un pénitencier dont elle est sortie passablement démolie. Cette femme s'inquiète pour ses amis et s'avère disposée à payer pour eux. La ligne grésille à en arracher les tympans, Jacober reconnaît pourtant la sécheresse de cette élégante déchue. Elle lui est profondément antipathique. Cette fois, la voix aigre de Lucia Filderman tremble. Elle raconte par le menu comment les Deleanu se sont vus privés de papiers, décrit une attente chaque jour plus désespérée, une famille recluse, étranglée. Elle supplie Henry Jacober de les emmener avec lui lors de son retour, au moins jusqu'en Autriche. Le passeur, laconique, abrège la conversation : « Ne parlez pas autant. » Il est excédé. Il suppose aussi le combiné sur écoute. Il a raison. Cette conversation figure mot pour mot dans les archives de la Securitate. Toutefois, la police politique, malgré ses investigations, n'a jamais pu déterminer l'identité de cette Roumaine, rude et implorante, qui s'agitait depuis Paris. C'est l'historien Radu Ioanid qui a exhumé cette retranscription, symptomatique des ratés de la filière Jacober. Il n'a pas su, lui non plus, donner un nom à cette interlocutrice. Ma mère, soixante ans plus tard, l'a reconnue dès les premiers mots : Lucia Filderman, leur insupportable bienfaitrice, parlant de mes grands-parents. Ce ne pouvait être qu'elle.

L'appel téléphonique de l'Athénée Palace porta ses fruits. Les documents déclassifiés des services roumains contiennent un long rapport établi la semaine suivante. Il souligne les faiblesses du système mis en place par Henry Jacober dont la Securitate surveillait de près les activités. Certes, on avait déjà abouti à l'octroi de cent cinquante-six visas, mais l'enquête pointe des citoyens pris dans les mailles de « la Direction des passeports qui tergiverse de manière déraisonnable », alors que les dossiers étaient « approuvés par la haute direction du ministère ». Le rapport donne un nom, un seul, emblématique de ces embûches administratives : celui de mon grand-père. On parlait désormais du « cas Harry Deleanu ». Le rapport alerte sur le mécontentement que cela suscitait chez Henry Jacober et insiste sur le risque de « saper la confiance mutuelle » entre Jacober et ses interlocuteurs. L'heure semblait grave : toute l'opération menaçait de capoter.

De son côté, Henry Jacober adressa dès le mois d'octobre un courrier comminatoire à l'ambassade de Roumanie à Londres. Le cas Deleanu devait être débloqué au plus vite, sous peine de remettre en question les accords passés entre les deux parties, à savoir le passeur et la Roumanie. Il se jouait là bien plus que l'avenir de ma seule famille. Le départ de Harry et Gabriela semblait à présent une affaire d'État.

La combine

HARRY N'AVAIT JAMAIS RENCONTRÉ le passeur, tout se discutait par l'intermédiaire de Lucia. Aussi les Deleanu s'étaient-ils représenté l'homme d'affaires comme un courtier en produits céréaliers, embarquant des ressortissants roumains avec lui à chacun de ses voyages. L'argent versé servait sans nul doute à graisser des pattes et à ajouter un petit billet dans la poche du passeur. Henry Jacober arrondissait ainsi ses fins de mois ou agissait par philanthropie. Après tout, pourquoi pas ? On se racontait cette histoire-là, dans la famille. Un marchand anglais, un capitaliste épris de libre-échange, bravant la forteresse roumaine par défi personnel et par goût de la liberté. Harry et Gabriela voulaient-ils savoir ? Pas forcément. Il fallait partir, c'est tout. Pouvaient-ils savoir ? Impossible. Ils avaient compris que leur départ se négociait en haut lieu. Si haut que pour apprendre la vérité, il faudrait attendre la trahison d'un général deux étoiles, patron du renseignement extérieur roumain. Seul le sommet de l'État savait. Seul le sommet de l'État pouvait parler. Lorsque le général se mit à table, le monde entier apprit la vérité. L'argent, tout l'argent des familles roumaines qui voulaient s'enfuir, les douze mille dollars que mes grands-parents mettraient une vie à rembourser, avait servi à acheter des porcs. Des bataillons de porcs, des élevages entiers de porcs. Attention, pas n'importe quels porcs, des porcs de compétition, plus précieux, plus productifs, plus rentables que ces citoyens qui quittaient le pays. Depuis la nuit des temps, ceux-là profitaient beaucoup et rapportaient peu : les juifs.

Puisque Lucia Filderman et tous les autres « sionistes » en germe agglutinés aux grilles de l'ambassade d'Israël voulaient migrer, qu'ils migrent ! Mais au moins que la Roumanie en tire profit. À la fin des années 1950, le pays était exsangue. Il payait cher son passé fasciste, ses années à combattre aux côtés de Hitler. Son ralliement au camp vainqueur était trop tardif aux yeux de la communauté internationale pour que la Roumanie fût exonérée de dommages de guerre. Il lui fallait verser une somme vertigineuse à l'Union soviétique, trois cents millions de dollars. Par ailleurs, la collectivisation de l'économie roumaine menée en cadence par les communistes virait au naufrage, à la quasi-faillite. C'était particulièrement vrai en matière d'agriculture. L'État avait pris le contrôle des terres et des bêtes, obligeant chaque ferme à mettre en commun ses biens et ses ressources. S'ensuivirent des drames humains indescriptibles et, aussi, des pénuries comme on n'en avait jamais vu dans le pays. La Roumanie, terre d'agriculture et d'élevage, devait intensifier ses rendements coûte que coûte, ses besoins étaient exorbitants. La propagande d'État exaltait les paysans, héros d'une terre qui rompait avec les traditions pour se moderniser à marche forcée. Enfant, ma mère narguait ses parents en prétendant vouloir devenir trayeuse de vaches. La trayeuse de vache, figure glorifiée par la propagande : des bras au service de la productivité fermière ! Le pays devait nourrir plus que sa population, il visait l'exportation, afin de faire entrer les devises. Mettre la main sur de la monnaie forte devenait une obsession pour le régime. Or il ne disposait d'aucune denrée à vendre, sauf… certains de ses citoyens.

Qui mieux que Henry Jacober pour renifler le marché roumain ? Ce négociant britannique fournissait indifféremment semences, bêtes de somme, bétail haut de gamme importé du Brésil et de Nouvelle-Zélande, machines-outils de fabrication ouest-allemande, chambres froides et autres équipements dernier cri. Du vivant et du mécanique, pêle-mêle, à la demande. À chacune de ses visites à Bucarest, il faisait tourner les têtes au ministère de l'Agriculture. Il promettait d'acheminer du matériel et des animaux que tous les élevages occidentaux s'arrachaient. Mais pour cela, il fallait des liquidités. L'État roumain n'avait pas les moyens de ses ambitions. Henry Jacober ne le savait que trop.

Le gouvernement se ménageait les bonnes grâces de ce fournisseur qui commençait à réclamer d'être payé. Bucur Schiopu, le ministre de l'Agriculture en personne, prenait grand soin de lui. Toutefois, Henry Jacober voyait petit à petit ses interlocuteurs changer. Les agents de la Securitate et plus particulièrement ceux de la direction générale du renseignement extérieur noyautaient les ministères du Commerce, des Affaires étrangères et de l'Agriculture. De plus en plus, Jacober recevait ses ordres directement du ministère de l'Intérieur qui commandait les services secrets et la police politique. On lui attribua même un contact à Londres, à l'ambassade de Roumanie, un certain Gheorghe Marcu. Dans un roman d'espionnage, Jacober aurait été une « recrue », Marcu son « officier traitant », mais on ne prononça jamais de tels mots, puisque Marcu séjournait en Angleterre sous couverture. Entre les deux hommes, la négociation sembla d'emblée fluide et fructueuse ; on ne coucha pas leurs accords sur du papier. Seuls subsistent les courriers adressés à Bucarest par Henry Jacober et les rapports que produisit la Securitate sur ses activités. Le deal ne fut jamais proprement formalisé.

Il était simple. D'un côté, la Roumanie disposait d'un vaste contingent de citoyens juifs désireux de quitter le pays. De l'autre, elle devait faire venir du bétail étranger sur son territoire. Jacober et Marcu mirent au point un système de « troc », selon le terme qu'emploie aujourd'hui l'historien Radu Ioanid, mais que nul n'aurait osé prononcer à l'époque. En clair, les uns sortaient dès l'instant où les autres entraient. Des juifs contre des porcs, des bœufs, des poules, des moutons, des dindons. Cela revenait bien sûr à mettre à prix la tête de chaque juif autorisé à franchir la frontière, à lui attribuer une valeur pécuniaire que l'on convertirait ensuite en « équivalent bétail ». Pourquoi troquer les juifs contre des animaux d'élevage ? Parce que les Roumains en avaient un besoin urgent et qu'ils rechignaient à se faire payer des juifs en monnaie sonnante et trébuchante. C'eût été trop voyant, trop risqué.

Nikita Khrouchtchev, leader du bloc soviétique, encouragea ce troc agricole. Khrouchtchev aimait venir en Roumanie. Comme le président français Valéry Giscard d'Estaing après lui, il avait un faible : la chasse à l'ours. L'occasion, pour les caciques du parti communiste local, de lui prodiguer mille égards et d'obtenir ses faveurs. On raconte que c'est en laissant couler le vin blanc et la vodka à flots, lors d'une partie de chasse dans le nord de la Transylvanie, que Gheorghe Gheorghiu-Dej, premier secrétaire du Parti communiste roumain, obtint le retrait des troupes russes de son pays en 1958. Il s'était arrangé pour que Khrouchtchev abatte deux plantigrades de choix ! Peu de temps après, Nikita Khrouchtchev, de retour en Roumanie, à nouveau en villégiature, se montra on ne peut mieux disposé à l'égard de ces remuants camarades qui réclamaient peu ou prou de vendre leurs juifs et de faire du commerce avec les pays de l'Ouest. Contre toute attente, le chef du Kremlin approuva.

Le trafic fonctionnerait ainsi : les familles de la diaspora – celles qui avaient émigré dans les années 1930 ou juste après la guerre comme le clan de Lucia Filderman à Paris – contacteraient Henry

Jacober depuis l'étranger. Le maquignon devenu passeur établirait des listes de citoyens à faire sortir du pays. Il remettrait ces listes à son contact, Gheorghe Marcu, qui les adresserait à Bucarest. Là, les autorités roumaines évalueraient la faisabilité de ces départs. Plus les individus se trouveraient en conflit avec le Parti, voire carrément en prison, plus la Securitate se montrerait réticente. Ou gourmande, selon les points de vue. Henry Jacober devancerait toujours les désirs de ses puissants clients. À chaque liste de noms, il ferait correspondre des lots de bestiaux. Les camarades les plus difficiles à négocier seraient échangés contre des cheptels plus onéreux ou alors contre de plus gros troupeaux.

Les familles avanceraient une partie de la somme fixée par Henry Jacober. Avec cet argent, l'homme d'affaires se procurerait les animaux et organiserait leur transport vers la Roumanie, tout en supervisant l'obtention des visas et le voyage des Roumains vers l'Occident, ce qui supposerait des pots-de-vin à tous les étages. Henry Jacober ne toucherait la totalité du montant qu'une fois les ressortissants bien arrivés à destination. Quelle commission s'octroierait-il finalement ? Combien le passeur se mettrait-il dans la poche ? Dans quelle proportion allait-il s'enrichir ? On l'ignore encore.

La confession

UN COMMERCE D'ÊTRES HUMAINS, un troc « citoyens contre animaux d'élevage », quelles autres dérives glaçantes le général Ion Mihai Pacepa, passé à l'Ouest, pouvait-il encore déballer ? Il en avait pléthore à raconter. Cette vente de juifs n'était qu'un point de détail dans l'histoire d'une administration servile et fanatisée. Jamais aussi haut gradé n'avait fait défection en Europe de l'Est. Son exil aux États-Unis engendra une onde de choc géopolitique majeure à la fin des années 1970. Il avait occupé des postes clés sous Gheorghe Gheorghiu-Dej, le premier secrétaire roumain nommé par Staline. Mieux, il avait appartenu au premier cercle de Nicolae Ceauşescu, son successeur, sombre mégalomane. Aucun des secrets de la Roumanie communiste ne lui avait échappé. Il ne pouvait y avoir de confession plus redoutée que celle du général Pacepa.

Il fallait l'empêcher de parler. Le pays alla jusqu'à mettre sa tête à prix, deux millions de dollars. La Roumanie missionna même Carlos, dit « le Chacal », le terroriste le plus redouté de l'époque, pour le liquider. Ce dernier posa une bombe au siège de Radio Free Europe à Munich, média américain qui émettait dans toutes les langues du bloc soviétique. Rien n'y fit. Ion Mihai Pacepa se mit à table et la radio, diffusée en ondes courtes (celles qui parcourent les plus longues distances, contrairement à ce qu'on pourrait penser), arrosa tous les pays communistes de ses aveux et révélations. Son récit fit tellement sensation qu'il fut retranscrit dans un livre paru en 1987, *Horizons rouges*, bientôt traduit en vingt-sept langues. J'ai retrouvé la version française, publiée par les Presses de la Cité, une maison d'édition grand public, coutumière des gros tirages. En énormes caractères blancs sur fond rouge, le titre barrait la couverture, il était accompagné de la mention « Dans les coulisses de la maison Ceaușescu par l'ancien chef des services secrets roumains ». Difficile de passer à côté. Harry et Gabriela n'en ont pourtant pas entendu parler. Dommage, car dès le quatrième chapitre, le général lâche le nom de leur passeur et les dessous du trafic qui leur a permis de quitter le pays.

En 1958, donc, un pays situé en plein cœur de l'Europe eut l'idée de vendre ses juifs pour renflouer ses caisses. Henry Jacober fut le maître d'œuvre de ce trafic dès son commencement. Un système moralement effarant qui s'institutionnalisa dans les années 1960 : les juifs roumains acquirent tranquillement le statut de « marchandise » sous le régime communiste. En 1965, accédant au pouvoir, Nicolae Ceauşescu apprit avec effroi l'existence de ce négoce dont il ignorait tout. Ceauşescu occupait pourtant une position déjà très élevée dans le Parti, mais les notes concernant la filière Jacober étaient classées « top secret » par le renseignement extérieur. Le général Pacepa, qui maîtrisait le dossier de bout en bout, décrivit dans ses confessions la colère d'anthologie que piqua le dictateur une fois mis au parfum, hurlant que si cela venait à se savoir, on ruinerait à jamais l'image de la Roumanie sur la scène internationale. Ceauşescu s'empressa de dénoncer cet accord outrageant, de placer à nouveau les élevages sous la coupe du ministère de l'Agriculture. Il chassa aussi Gheorghe Marcu, le contact de Jacober à Londres. Enfin, la Roumanie réduisit l'émigration juive de manière draconienne.

Mais au bout de deux ans, Nicolae Ceauşescu se ravisa. Il fit rappeler Gheorghe Marcu. Le business reprit. Après tout, « les juifs et le pétrole sont nos meilleurs produits d'exportation », assénait Ceaușescu à son cher Pacepa. Et le dictateur d'interroger son bras droit sur la possibilité d'augmenter le tarif de la rançon afin de multiplier les gains. Le leader roumain, aveuglé par son avidité, avait fait fi de ses premières appréhensions. Cependant, il avait vu juste, le risque était immense. Ce qui demeurait largement ignoré à Bucarest, commençait à fuiter à l'étranger. Et cela faisait mauvais effet. En 1964, deux articles de presse, l'un aux États-Unis, l'autre en Grande-Bretagne, ébruitèrent l'affaire. Le *Daily Telegraph* décrocha le scoop et titra « Un marché de Roumains en plein Londres ». Le quotidien anglais poursuivait : « Une organisation secrète dont le siège se situe à Londres gère un trafic croissant de migrants roumains vers l'Ouest. » Le journal précisait sa source sans la nommer : « des Roumains vivant à Paris ». Le *Daily Telegraph* savait que l'argent transitait par une banque suisse. Il décrivait un « trafic de vies humaines de part et d'autre du Rideau de fer ». Des individus monnayés, voilà qui se révélait choquant, très choquant. Et encore, le journal ignorait qui étaient ces humains et ce qu'ils servaient à acheter. Il n'avait pas accès aux listes de Jacober.

Les listes de Jacober

JE TRADUIS ET REPRODUIS ici, en italique, quelques-uns des rapports et courriers échangés entre l'ambassade de Londres et la direction générale du renseignement extérieur à Bucarest. Ces documents, sélectionnés parmi des milliers d'autres, sont datés de 1960 à 1962, période où Lucia Filderman, puis mes grands-parents, obtinrent leur visa de sortie. Le français dans lequel sont rédigées ces notes apparaîtra maladroit au lecteur. J'ai voulu rester fidèle à la langue rudimentaire, parfois même incohérente des archives de la Securitate. Pour une meilleure lisibilité, j'ai choisi une seule orthographe pour « Henry Jacober ». Sous la plume des fonctionnaires roumains, elle varie à chaque fois et l'on s'y perd.

17 mars 1960

Après discussion sur le sort de Bery Marcu, prisonnier politique incarcéré à la prison Văcăreşti, Henry Jacober a accepté de livrer 15 vaches, 2 taureaux jersiais, 15 brebis mérinos australiennes et 2 béliers mérinos australiens.

4 mai 1965, sur la base d'un rapport d'avril 1960

Toutes les personnes autorisées à quitter définitivement le pays ont quitté le pays. Ont été apportés en échange :
- 10 vaches jersiaises (février 1960) ;
- 30 porcs landraces (février 1060) ;
- 100 moutons corriedales (juin 1960) ;
- 17 vaches jersiaises (mai 1960) ;
- 2 taureaux zébus (avril 1962) ;
- 3 vaches frisonnes (mai 1960).

6 avril 1960

Henry Jacober a suggéré à son agent de contact de donner des visas de sortie à la famille de Bery Marcu, composée de six personnes. Nous proposons qu'en échange de ces personnes, nous demandions à Jacober ce qui suit :
- de porter le lot de 50 moutons mérinos australiens à 100 têtes en laine fine ;
- de fournir 15 vaches jersiaises et 2 taureaux jersiais supplémentaires ;
- de payer les frais de transport des 100 moutons d'Australie vers notre pays ;

– de payer le transport des 2 taureaux zébus d'Australie à Londres.

5 juin 1960

Pour nous éviter de payer la somme due pour les 20 moutons corriedales, Henry Jacober a demandé que des visas soient accordés à Iosif Josephson, soixante-cinq ans, à Radu Giroiu et son épouse, Angela. Si cette combinaison est approuvée, nous pensons qu'il est possible d'obtenir de Henry Jacober une livraison supplémentaire de 45 brebis mérinos australiennes et de 5 béliers mérinos australiens dont le prix est d'environ 10 500 dollars. [...]
Nos enquêtes indiquent que Iosif Josephson a demandé un visa permanent avec sa femme, Evelyn, et leur fille, Rosalia ; en effet, cette question n'a pas encore été abordée avec Henry Jacober. Nous soumettons par la présente proposition qu'en échange de l'octroi de sortie pour Iosif et Evelyn Josephson, Henry Jacober doive payer le transport des 50 moutons d'Australie à Bucarest.

Juillet 1960

Selon l'arrangement passé avec Jacober, il ne devait livrer que 80 moutons corriedales ; cependant, comme l'espace disponible de l'avion le permettait, il en a livré 100. Le prix des 20 moutons supplémentaires est de 6 720 dollars. Pour payer cette somme, nous pouvons permettre le départ d'un vieil homme d'environ soixante ans et d'un couple d'environ quarante ans. [...] Si nous optons pour cette combinaison, nous pensons pouvoir obtenir de Jacober 40 porcs landraces supplémentaires d'une valeur de

5 600 dollars [...]. On pourrait ainsi réaliser une économie totale de 12 320 dollars.

20 août 1960

Pour le transport des taureaux zébus par chemin de fer, un permis de transit délivré par les autorités de la République socialiste de Tchécoslovaquie est nécessaire. Comme ce permis n'a pas encore été délivré par les camarades tchèques, Henry Jacober a proposé que les taureaux soient transportés par avion directement à Bucarest. Le coût du transport augmente de 2 700 dollars. [...] En vue de mettre fin à cette combinaison, Henry Jacober a proposé de remplacer Elena Constantinescu par Samoil Gropper [...] et, pour le solde du prix du transport, il demande le visa pour l'épouse du susnommé Lizeta.
Compte tenu de ces informations ci-dessus, nous proposons que les visas de sortie soient approuvés pour Samoil et Lizeta Gropper qui partiraient après la livraison des taureaux zébus.

Ce Samoil Gropper se trouvait manifestement incarcéré à la prison de Vanatori, détenu dans le « district Lénine ». Sa libération s'est jouée sur une livraison de taureaux.

24 octobre 1960

Jacober livrera les deux taureaux zébus d'Afrique et prendra également les frais de transport jusqu'à Bucarest. En échange, il demande que Iosif Lupescu et son épouse, Margareta, soient autorisés à partir. Tous deux sont des juifs âgés. [...] Pour les 5 porcs et pour le sperme, Jacober demande que les personnes suivantes soient autorisées à partir : Sigmund Swartz et sa femme, Silvia ; Şaraga Ştefania et son fils, Ion Alin.

10 décembre 1960

Lors de discussions précédentes avec Jacober, nous avons compris qu'il était intéressé par l'obtention d'un visa de sortie pour 23 personnes et il nous propose en échange de nous procurer un certain nombre d'animaux de race à haute productivité qui présentent un intérêt pour notre économie nationale. [...]

1. Compte tenu de nos besoins, il a été dit à Henry Jacober que nous étions intéressés par l'acquisition des animaux suivants :

- 10 porcelets danois ;
- 1 verrat landrace danois de 10 mois, prêt à se reproduire ;
- 2 taureaux zébus d'Afrique ;
- 4 vaches zébus ;
- 2 taureaux jersiais ;
- 10 vaches jersiaises ;
- 2 taureaux frisons ;
- 10 vaches frisonnes ;
- 80 truies landraces anglaises ;
- 10 verrats anglais.

Henry Jacober a également été informé que nous sommes intéressés par des moutons wanganellas d'Australie. Tous ces animaux doivent être introduits dans le pays aux frais de Henry Jacober et livrés en bon état.

2. En échange des animaux susmentionnés, Henry Jacober a demandé qu'un visa de sortie soit accordé aux personnes suivantes :
- ŞARAGA Ştefania - 42 ans
- NEFIANU Alin Ion - enfant, 6 ans
- KLARSFELD Silviu - 29 ans
- KLARSFELD Gabriela - épouse KLARSFELD
- DAN Andrei - enfant, 3 ans
- FILDERMAN Lucia Denise - 57 ans
- STERN Clara - 73 ans
- GROPPER Samoil - 54 ans
- ÉLEVEUR Lizeta - épouse LUPESCU Iosif, 55 ans
- LUPESCU Margareta - épouse
- MÜLSTOC Mayer - 41 ans
- MÜLSTOC Golda - épouse
- BELIGRADEANU Felix - 61 ans
- BELIGRADEANU Lola - épouse
- SWARTZ Sigmund - 71 ans
- SCHWARTZ Silvia - épouse
- FILDERMAN Leopold - 61 ans
- FILDERMAN Anfelica - épouse
- GEORGE Silviu - 59 ans
- GEORGE Renée - épouse
- GEORGE Lumiora - enfant, 20 ans
- GEORGE Ioana - enfant, 14 ans

Pour ces personnes, les dossiers respectifs sur la situation de chacun sont joints.

Ainsi, Lucia Filderman, cinquante-sept ans, fut-elle marchandée. C'est à des truies, des zébus et une tripotée de vaches qu'elle dut son salut. Son beau-frère, Leopold, dit « Poldi », se trouvait dans la même liste. Cette année-là, sous la pression internationale, la Roumanie avait été obligée de mettre fin à sa pratique des travaux forcés. Poldi rentra donc à Bucarest où il demeura prisonnier. Malgré la fortune que la famille Filderman se montrait prête à débourser, le passeur échoua plusieurs fois à lui obtenir sa libération et des papiers. Toutefois, la suite de la présente note suggère que, si un « visa de sortie » était envisageable pour Poldi, on « poursuivrait les discussions avec Henry Jacober afin de se procurer les moutons wanganellas ». Pour des moutons, le régime serait prêt à céder…

8 février 1961

Henry Jacober accepte de livrer les équipements et les animaux de race suivants :
1.
- 4 grandes machines de la marque Giant pour la production de fourrage, d'une capacité journalière de 12 tonnes chacune ;
- 2 petites machines, d'une capacité journalière de 6 tonnes ;
Ces deux équipements sont entièrement automatisés et leur coût, y compris le transport et l'assemblage, est d'environ 21 000 dollars. Les deux installations seront livrées dans deux mois.

2.
- 8 vaches ayrshires ;
- 3 taureaux ayrshires ;
- 2 vaches aberdeenangus ;
- 1 taureau aberdeenangus ;
- 3 brebis lincoln longwools en gestation, avec une productivité annuelle d'environ 12 kg de laine de bonne qualité ;
- 2 béliers lincoln longwools ;
- 3 brebis enceintes suffolks avec de la laine de bonne qualité ;
- 2 béliers suffolks ;
- 5 porcelets landraces danois ;
- 3 brebis pépin-wanganellas, avec de la laine très fine (mérinos australiens) qui ne sont pas autorisées à l'exportation ;
- 2 béliers pépin-wanganellas ;
- 4 chiens collies qui sont utilisés pour surveiller le bétail et éliminent complètement le besoin de gardiens.

Le coût des animaux susmentionnés, y compris leur transport à Bucarest, s'élève à plus de 25 000 dollars.
En outre, Jacober s'engage à livrer à Bucarest certains instruments médicaux de haute technologie (pour l'insémination artificielle, des seringues de tuberculine, des outils pour le tatouage et le marquage des animaux, etc.), ainsi que certaines quantités de médicaments utilisés pour prévenir et contrôler les maladies.
En échange des installations et des animaux susmentionnés, Jacober demande un visa de sortie pour les personnes suivantes :
Otton DANIEL, Maria DANIEL
Moritz MATASANU, Rasela MATASANU, Ely STRULOVICI

Erwin WEXLER, Bela WEXLER, Nadia WEXLER, Rebeca DAVIDSOHN
Bernard KATZ, Olga KATZ
Emanuel SHAPIRO
Henri STORFER, Elsa STORFER
Israel GOLDSTEIN, Sonia GOLDSTEIN, André GOLDSTEIN, Irène GOLDSTEIN
Stefan KERTESZ, Iudith KERTESZ

10 mai 1961

Je, soussigné Jacober Henry, m'engage par la présente, conjointement avec les représentants du ministère de l'Agriculture, à procurer et à couvrir les frais suivants :
- un abattoir entièrement automatisé de la société Gordon Johnson en Angleterre, d'une capacité de 1 000 à 1 200 volailles/heure. [...] Je prendrai en charge les frais de transport et d'assurance pour l'abattoir. [...] Le coût de l'assistance technique nécessaire pour le montage et le démarrage de l'abattoir sera couvert, conformément à l'offre.

Le départ de citoyens qui sont inclus dans cette combinaison est établi comme suit :
1. GEORGE Silviu avec famille
2. KATY Bernard avec famille
3. KRIEGER Theo avec famille en avril 1961
4. CONESCU Jean avec femme
5. BLUMEN David avec famille
6. SUDIT David avec famille
7. TANSIG Pavel avec famille
8. TISEBLER Dora
9. DANIEL Constantin en mai 1961

10. FELDMAN David avec famille
11. BANUŞ Arthur avec famille
12. DERUNER Herman avec famille
13. WOLLMAN Rebeca
14. GOLDSTEIN Iosif avec femme
15. CRISBĂŞENU Alexandru, mai 1961
16. JIANU Ionel avec famille
17. SAMUELI (Ana, Isabela, Valeria)
18. TOROSIAN Herant
19. MEŢIANU ION, juin 1961
20. FILDERMAN Leopold avec femme
21. GROPER Samuel avec femme, juillet 1961
22. BERINDEI Ion (en juillet 1961, il sera relâché de prison)
23. STERIAN Simion (il quittera le pays, le 10 mai 1961)

Un télégramme codé sera envoyé à M. Jacober pour l'informer que les personnes susmentionnées ont les documents de voyages en leur possession.

Ces gens-là semblent cher payés… Dans la liste, se trouvent en effet Leopold Filderman, le beau-frère de Lucia, et son épouse. Henry Jacober avait enfin réussi à leur obtenir un visa de sortie. Pas d'oukase qui tienne face à la promesse d'un abattoir entièrement automatisé ! Poldi arriva à Paris où il devint l'un des rabatteurs de Henry Jacober et vécut des commissions que le passeur lui reversait pour chaque famille embringuée dans la filière. Celle-ci prit de plus en plus d'ampleur.

Dans cette même liste, frappées du numéro 17, figurent trois femmes portant le nom de Samueli. Se peut-il que les sœurs Samueli, espionnes qui avaient « mouillé » ma grand-mère, soient deux d'entre elles ? Je n'ai pu le vérifier. Il s'agit peut-être de simples homonymes. À moins que les agentes, après une rude incarcération, aient été récupérées par les pays qui les avaient employées et aient quitté la Roumanie la même année, et par la même filière, que Gabriela…

> 25 septembre 1961
>
> Jacober nous a donné une liste de juifs pour lesquels – comme il le prétend – l'organisation sioniste Joint le paiera. Pour accorder le visa de sortie, [nous avons] demandé à Jacober un montant de 300 000 dollars. Actuellement, il est en discussion avec le représentant du Joint à New York pour obtenir la somme demandée.

Le 6 novembre 1961, la direction du renseignement extérieur dresse un premier bilan :

> Depuis 1959, dans le cadre de cette opération, plusieurs combinaisons ont été entreprises qui ont abouti à l'octroi d'un visa de sortie de 156 personnes. Parmi celles-ci, 13 purgeaient des peines de prison différentes – 7 pour activité contre-révolutionnaire et 6 pour délit de droit commun – et ont été graciées pour les peines qu'elles devaient purger.

Grâce à ces combinaisons, notre État a gagné un revenu d'environ 635 550 dollars en biens et en devises, comme suit :
1. Des animaux d'élevage pour une valeur de 216 170 dollars.
2. Six pièces pour équipements automatisés destinés à la nourriture pour animaux d'une valeur de 9 110 dollars.
3. Machines-outils d'une valeur de 290 270 dollars. Des contrats ont été passés avec plusieurs pays capitalistes pour l'achat de huit machines :
- trois fraiseuses universelles avec les accessoires nécessaires de la société SHW en République fédérale d'Allemagne (RFA) ;
- une machine à fraiser le béton et à rainurer les surfaces en béton avec des cycles automatiques à rouleaux, ainsi que les accessoires nécessaires de la société Rouchaud en France ;
- deux machines pour la rectification des filets avec les accessoires nécessaires de la société Lindner en RFA ;
- une machine à rectifier les filets avec les accessoires nécessaires de la société Reisbauer en Suisse ;
- une perceuse à coordonnées avec les accessoires nécessaires.
La moyenne des sommes que nous avons obtenues est d'environ 4 000 dollars pour chaque personne. [...]
Dans un avenir proche, il est possible de finaliser deux autres combinaisons de grande envergure qui ramèneront environ 800 000 dollars américains.

Malgré l'ampleur des gains, le renseignement extérieur roumain liste aussi les « aspects négatifs » de l'opération Jacober. En premier lieu, « le fait que l'opération a été abordée uniquement du point de vue des recettes et des activités commerciales et que l'aspect opérationnel a été négligé ». Constatait-on du désordre ou des retards ? La Securitate entendait-elle améliorer les ratios, augmenter le rendement ? Faire sortir plus de juifs pour faire entrer plus de bestiaux et plus de machines-outils ? La police politique se montrait ainsi critique, du moins dubitative, sur l'organisation, l'« aspect opérationnel ». En revanche, le document ne se préoccupe en aucun cas de l'aspect moral du troc. La réaction de Nicolae Ceauşescu montrera bien, quatre ans plus tard, ce que le trafic pouvait avoir de choquant. Mais à son démarrage, la Securitate ne semble soulever aucune question, formuler aucun scrupule ni pointer aucune précaution à prendre. Pas un mot. En régime autoritaire, ce dont on ne parle pas n'existe pas.

15 février 1962

Jacober a présenté une nouvelle liste de 88 personnes et a offert en échange 130 000 dollars. À la suite de nos discussions, il a été persuadé d'augmenter le montant à 238 000 dollars, une somme que nous lui confirmerons.

21 octobre 1962

Lors de la réunion avec Jacober, il a été convenu qu'en échange de 700 000 dollars, 310 familles de nationalité juive seraient autorisées à quitter le pays.

Si la confession du général Ion Mihai Pacepa est restée en partie lettre morte, c'est que les archives du renseignement roumain demeuraient alors classées « secret défense ». Après la chute du régime, l'ouverture des dossiers de la Securitate se fit très progressive. Certains documents clés ne furent déclassifiés qu'en 2014. Des chercheurs purent enfin s'en emparer, tel Radu Ioanid qui a publié, aux États-Unis et en Roumanie, une vaste étude sur l'exil monnayé des juifs de Roumanie. La première édition est parue en 2005, la seconde, en 2021. Ce travail magistral fait référence aujourd'hui.

J'ai extrait ces listes de l'ouvrage de Ioanid, car elles font jaillir les noms des candidats à l'exil, leur âge, leurs épouses, leurs enfants, leur prix, oui, leur mise à prix. Et ces tableaux d'honneur dignes des comices agricoles, ces porcelets danois, ces vaches frisonnes, ces brebis mérinos… sans compter ces machines à découper du filet… des machines françaises, s'il vous plaît. Et ce livre de comptes tenu au dollar près, ce que ça coûte, ce que ça rapporte.

Ma mère n'a fait connaissance avec ces listes que récemment. Elle en est restée abasourdie, profondément meurtrie. Elle avait pourtant, voici quelques années, pris la peine de passer une semaine à Bucarest afin d'éplucher les dossiers de ses parents consignés par la Securitate. Il lui avait fallu affronter ce que la police politique avait volé de leur intimité, constater la mesquinerie des délations à leur encontre, la bassesse et la stupidité des témoignages à charge. Ainsi avait-elle subi de plein fouet la violence de ces casiers quasi judiciaires que l'historien Philippe Artières qualifie de « biographies subies ». Mais c'était peu de chose à côté de ces tableaux comptables faisant correspondre le nom de son père à un lot de porcs danois.

« Deleanu » écrit en toutes lettres. Je ne produis pas ici la note où le nom figure, car l'affaire Deleanu se révélant un cas à part, je la mentionnerai au chapitre suivant, dans lequel j'examine la valeur des cochons proposés en échange. Autant savoir ce que l'on vaut vraiment. Découvrir son nom sur les listes de Jacober, c'est recevoir la vérité en pleine figure, une vérité crue, implacable. Découvrir son nom sur les listes de Jacober, c'est aussi être pris de tournis. Moi-même, dont Deleanu n'a jamais été le patronyme, j'en suis restée sidérée et n'ai plus su à quoi me raccrocher. Un commerce, mieux un troc d'êtres humains dans les années 1960, voilà qui s'avère ignominieux. Pourtant, c'est à cette abjection-là que mes grands-parents, ma mère, ma tante, mon arrière-grand-mère – et beaucoup d'autres, des milliers d'autres – ont dû leur liberté.

Liberté, liberté. Liberté de dire à voix haute, de penser, de râler, de se vêtir, d'apprendre, de comprendre, de bouger. Liberté d'être enfin qui ils voulaient. Plus jamais assignés à identité. Personne en France n'obligerait les Deleanu à être les juifs qu'ils ne voulaient pas être. Libérés de la peur.

En Roumanie, ils avaient échoué. Les listes en sont témoins. Criantes, même. Parmi les citoyens « troqués » par le régime, on trouvait certes une poignée d'opposants politiques chrétiens et d'Allemands issus d'une minorité ethnique de Transylvanie que les Roumains ont toujours méprisée. Mais nul ne peut se voiler la face, ce commerce d'êtres humains fut un commerce de juifs. Au début de l'année 1945, avant la naissance de leur première fille, Harry et Gabriela s'étaient rués à l'état civil pour se rebaptiser Deleanu. Quinze ans après, c'est ce nom, ce nom sans attache et sans passé, qui figure sur les listes de Jacober. Deleanu au milieu de Davidsohn, Katz, Feldman, Shapiro, Goldstein, Kertesz, Samueli, Bauxman, Fischer, Grunfeld, Friedel, Blumen, Wollman, Gropper, Klarsfeld, Schwartz… En 1961, l'ancien monde semble avoir inexorablement rattrapé le nouveau. Le nouveau nom a échoué à faire oublier l'ancien. Découvrir son nom sur les listes de Jacober, c'est soudain entrer dans l'Histoire, quand les générations qui précèdent ont tout fait pour en sortir.

J'ai voulu m'en remettre au savant, entrer en contact avec Radu Ioanid, diplômé en Roumanie, lui-même exilé, chercheur à l'École des hautes études en sciences sociales de Paris, puis installé aux États-Unis où il a poursuivi ses travaux à l'Holocaust Memorial Museum de Washington et secondé Elie Wiesel au sein de la Commission internationale pour l'étude de l'Holocauste en Roumanie. J'ai finalement retrouvé Radu Ioanid en Israël où il est devenu ambassadeur de Roumanie. On lui donne désormais du « Son Excellence ».

Je lui explique que je suis la fille, la petite-fille et l'arrière-petite-fille de noms qui figurent sur les listes de Jacober, que je suis née à Paris et que – le passé étant le passé –, ma mère a fait le choix de ne pas m'apprendre sa langue. Je ne peux donc pas lire le roumain. L'ambassadeur me confie une version à venir de ses travaux en anglais. Ainsi ai-je pu à mon tour éplucher ces notes de la Securitate nécessaires à ma propre enquête. À Radu Ioanid, j'ai posé une dernière question concernant le passeur. Henry Jacober était-il, selon lui, un philanthrope qui a sauvé des vies ou bien le plus cynique des marchands de cochons ? L'historien devenu diplomate ne m'a pas répondu.

Le bon cochon

AU COMMENCEMENT, LES ROUMAINS voulaient du cochon. Et pas n'importe quel cochon. Le régime convoitait la race reine : le landrace. Les premiers télégrammes échangés entre l'ambassade de Londres et Bucarest faisaient état, en 1958, de l'achat de cinq verrats et six truies. Leur transport posait problème. Le bureau anglais s'interrogeait : fallait-il « affréter un vol spécial au prix de 800 livres » ? « Expédier les porcs par un vol régulier » ? « Envoyer un avion depuis la maison » ? La première option fut retenue. Le vol décolla le 6 juin avec onze cochons, deux jours de nourriture ainsi qu'une documentation complète sur leur élevage à remettre au ministère de l'Agriculture et des Forêts.

Le ministère sembla convaincu par la qualité des bestiaux que Henry Jacober avait fournis. Dès le mois de juin, une note de la Securitate plaida pour confirmer Jacober dans son rôle d'intermédiaire.

D'autant que les premiers porcs expédiés étaient anglais, mais que le Parti visait une provenance jugée « supérieure » : le Danemark. Or ce pays entendait conserver un monopole sur ses landraces. Il était devenu un exportateur majeur de bacon et protégeait son avantage commercial en interdisant la vente de ses porcs vivants ou de leur semence à l'étranger. Le contrôle des frontières passait pour très strict. Henry Jacober assura toutefois à ses contacts qu'il était en mesure de faire sortir des cochons du Danemark. Les Roumains se demandaient bien comment il allait s'y prendre, mais peu importe. Ils avaient trouvé leur homme. Surtout, ils avaient trouvé leur cochon.

Le landrace danois, la panacée. L'académicien Erik Orsenna a plongé avec passion dans l'histoire mondiale du porc, dont il a tiré un petit traité soulevant d'ébouriffantes questions éthiques et génétiques. Pour Orsenna, le cochon n'est pas un sujet comme les autres. C'est l'animal de sa patrie bretonne. Le porc, une histoire de terre natale, une histoire d'enfance, une histoire de famille. De mon côté, je cherche à comprendre ce qui fait la valeur de ce fameux landrace. J'épluche consciencieusement les publications agronomiques qui lui sont consacrées. Je veux faire connaissance avec ce cochon qui a permis aux miens de traverser le Rideau de fer. Erik Orsenna me propose son aide avec l'enthousiasme qui le caractérise : « Vous verrez, le porc, c'est extraordinaire ! Le porc, c'est économique ; le porc c'est politique ; le porc, c'est moral. On peut raconter toute l'histoire des hommes à travers le porc. » Il ne croit pas si bien dire.

Quatre races sont présentes dans la majorité des élevages contemporains. Le landrace d'origine nordique y figure en deuxième position. L'un des pionniers de l'exportation porcine en France s'appelle Jacques Drioux. J'entre en contact avec lui par l'intermédiaire d'Erik Orsenna devenu, grâce à son ouvrage, la rock star du monde porcin ! Jacques Drioux estime que l'arrivée du landrace en France se fait au début des années 1960. Un « livre généalogique du porc français de type danois » a d'ailleurs été créé en 1963, à l'Institut agronomique. Dans ces années-là, l'Irlande, le Canada et l'Australie réussirent également à récupérer des landraces, rattrapant ainsi l'Angleterre qui s'en était procuré juste après la Seconde Guerre mondiale. Ainsi, la Roumanie, malgré sa désastreuse « transformation socialiste de l'agriculture » et grâce à Henry Jacober réussit-elle à s'inscrire dans un marché porcin en train de se mondialiser. Mêmes porcs, mêmes techniques d'élevage intensif que dans les pays capitalistes. La différence ? Les autres nations, elles, ne s'étaient pas procuré des porcs landraces en vendant leurs juifs.

Ce paramètre confère une allure bien spécifique à la stratégie porcine roumaine. Aux prémices de sa mise en chantier, un rapport top secret de la direction du renseignement précisait qu'il était « hautement nécessaire de se procurer plusieurs landraces danois (mâles et femelles) » afin de pouvoir « élever et multiplier cette race pure dans le pays ». Pureté de la race. Jusqu'où pouvait aller l'impensé roumain ? Non content de ramener la valeur de la vie humaine d'un citoyen juif à celles d'animaux d'élevage, le régime avait choisi, entre tous, le porc, l'animal de l'interdit rituel par excellence. Dans la culture populaire, c'est même ce qui caractérisait le juif, désigné comme celui qui ne mange pas de porc.

Ma famille fut échangée en 1961. Mais le troc, juifs contre cochon, débuta en Roumanie dès la fin des années 1950, soit la décennie qui suivit la Seconde Guerre mondiale, les lois raciales et la Shoah. Or voilà que les juifs, race dite par les antisémites « inférieure et impure », servaient en Roumanie de monnaie d'échange contre le porc qui leur était interdit, et ce dans l'idée d'implanter dans le pays une race de porc jugée, elle, « supérieure et pure ». L'effet de miroir est édifiant.

Et ce landrace danois, qu'avait-il de si désirable ? Il s'avère être le produit d'un important travail de sélection effectué sur le plan génétique dès la fin du XIXe siècle. Pour Erik Orsenna, cela donne « un porc blanc, de grande taille, aux oreilles tombantes. Animal prolifique : treize porcelets par portée, vingt-quatre par an, sexuellement précoce (avec une capacité de se reproduire dès l'âge de huit mois). Les mères sont douces, elles mangent rarement leurs petits. Sa viande correspond aux besoins industriels ». D'autres publications agronomiques insistent sur le poil fin du landrace danois, son museau long, ses flancs impeccablement lisses, son pourcentage élevé de viande dans la longe et dans la carcasse, l'épaisseur de son lard et son excellent indice de consommation, soit la quantité de nourriture nécessaire ramenée au nombre de kilos de viande produits. Mais ce qui frappe le plus, c'est l'allongement de son corps. « On disait à l'époque qu'il possédait une côtelette supplémentaire ! » s'esclaffe notre pionnier du transport animal, Jacques Drioux. Ce dernier précise, pour en avoir lui-même expédié par contingents entiers, que le cochon landrace prend parfaitement l'avion et ne pâtit en rien des longs voyages. Les juifs de Roumanie, pareil. Tant mieux, on allait pouvoir faire venir de la marchandise et en expédier en retour. Import-export.

La valise diplomatique

HENRY JACOBER CONNAISSAIT bien son affaire. Entre 1958 et 1965, il s'arrangea pour faire sortir plusieurs dizaines de milliers de porcelets du territoire danois. « Les animaux étaient anesthésiés et transportés dans les coffres des voitures diplomatiques spéciales, et finalement dans des camions frigorifiques protégés de la curiosité des douaniers par le sceau diplomatique », rapporte Ion Mihai Pacepa. On imagine la tête des diplomates ! Le tableau prête à comédie, il y a quelque chose d'éminemment cocasse et même de burlesque dans ce trafic de cochons géré par des flics et par des espions. Et le général en exil de conclure : « La valise diplomatique roumaine transportait alors plus souvent des échantillons de sperme de porc ou de bœuf que des secrets technologiques et militaires ! »

Quelques loupés, cependant. En octobre 1960, un homme d'affaires canadien en visite à Londres découvrit que les Roumains parvenaient à se procurer des landraces du Danemark par l'intermédiaire de l'Angleterre. De retour au Canada, il en informa les autorités qui contactèrent Copenhague. Les Danois ouvrirent une enquête, remontèrent jusqu'à Jacober qui nia tout en bloc, poursuivit son trafic et couvrit la Securitate roumaine, son véritable client.

La police politique fut de plus en plus impliquée dans ce trafic. Elle veilla non seulement à la bonne application des accords passés entre Jacober et son contact londonien, mais ses agents se mirent aussi à chercher à l'étranger les meilleurs éléments reproducteurs et les firent expédier en Roumanie par des vols charters qu'affrétait Jacober. Drôle de vocation pour un service de renseignement devenu maquignon et tiroir-caisse du régime ! Quant au ministère de l'Intérieur, il se trouva bientôt être le plus grand producteur de viande de Roumanie, contrôlant des élevages de poulets, dindons, bovins et moutons.

Revenons au porc. De cette expérience, le Parti communiste roumain tira un excellent bilan. Pas la population qui manquait de tout et ne profita guère de cette abondante production porcine puisqu'elle était réservée à l'exportation. « Au début de l'année 1965, la Roumanie s'avérait en mesure de produire cinquante mille cochons landraces par an qu'elle vendait à l'Ouest sous forme de jambon et de bacon, le tout grâce aux bons soins de Henry Jacober », résuma le général Ion Mihai Pacepa. C'était le cochon aux œufs d'or. Le régime engrangeait des devises, des sommes colossales. Cet argent était tenu au secret sur un compte auquel seul le premier secrétaire, Gheorghe Gheorghiu-Dej, avait accès. En résumé, nul ne le savait, mais depuis six ans la Roumanie vendait des juifs, importait des porcs, exportait du lard et faisait rentrer de la monnaie forte. Lucrative balance commerciale qui avait nécessité la conversion de juifs en cochons pour en tirer, au final, de l'argent, beaucoup d'argent.

Lorsqu'à l'automne 1961 mes grands-parents se virent brusquement privés de papiers, donc interdits de départ, Henry Jacober fit plus qu'adresser une missive cinglante à ses contacts roumains. Il connaissait l'avidité du régime. Il en jouait, c'était même son principal levier. Le dossier Harry Deleanu se trouvait bloqué ? Jacober augmenta la mise. Il se plaçait sur un terrain purement commercial : ici, tout était affaire d'offre et de demande. Les juifs étaient pléthore, leur cote se trouvait donc relativement basse. Les porcs landraces étaient difficiles à obtenir, leur cote caracolait au plus haut. Pour amadouer son interlocuteur, le passeur commença par rappeler dans sa lettre que « toutes les dispositions étaient prises pour le transport d'un troupeau de vaches frisonnes avec pédigree vers la République populaire roumaine ». Puis Henry Jacober passa à la vitesse supérieure et se fit fort d'ajouter « quinze porcs landraces anglais et un verrat landrace danois », c'est-à-dire un précieux mâle reproducteur, le bonus par excellence. Le passeur conclut : « Leur valeur s'élève à cinquante-six mille dollars et sera acquittée par vous lors de futures combinaisons. » Comprendre : mon offre surpasse largement le prix fixé pour la famille Deleanu, il faudra plus de juifs pour en régler la facture.

Le cheval à abattre

UN ÉPISODE MÉCONNU de l'histoire roumaine, exactement contemporain du « troc » des juifs et du départ de mes grands-parents, éclaire le rapport incroyablement tordu qu'entretenait la bureaucratie communiste avec le vivant. En 1957, le vice-Premier ministre, Alexandre Moghioros, ordonna que l'on exterminât tous les chevaux de Roumanie. Une boucherie de masse planifiée et mise en œuvre par l'État. Raison invoquée : les chevaux consommaient trop d'avoine, ils privaient le bétail de nourriture. En réalité, ils enfermaient la paysannerie dans des traditions que les communistes jugeaient arriérées.

Plus d'un million de chevaux peuplaient alors la campagne roumaine. Les agriculteurs en étaient d'autant plus fiers que le cheval roumain était réputé pour sa résistance et ses capacités de traction. En outre, la Roumanie s'enorgueillissait d'une tradition équine vieille de trois siècles. Les nombreux haras du pays avaient fourni les grandes armées européennes – dont les troupes napoléoniennes – en montures. Cet héritage, le Parti le prit en grippe, comme tout ce qui témoignait d'un passé à liquider. Les communistes voulaient un pays tout entier tourné vers la modernité. Le paysan roumain devait se convertir au tracteur. Le régime inaugura ainsi de splendides écoles dédiées au pilotage de ces engins et les femmes étaient vivement encouragées à s'y former. La fierté mécanique remplaçait la fierté animale. Une énorme moissonneuse-batteuse rouge trônait d'ailleurs au centre du premier drapeau de la République populaire de Roumanie. Malheur au cheval qui freinait cet idéal mécanisé !

On commença par arracher les chevaux aux fermes qui les possédaient. Chaque famille devait confier ses bêtes aux coopératives agricoles de production qui champignonnaient dans le pays. Un journaliste du quotidien *România Liberă* a retrouvé en 2010 des témoins de l'époque. La violence de cet épisode tenaille encore leur mémoire. La décision du vice-Premier ministre de faire abattre tous les chevaux du pays semble prise sur un coup de sang, lors d'une visite de coopérative agricole. Ces animaux altiers allaient servir de boucs émissaires à l'échec retentissant de la collectivisation des terres. En effet, la Roumanie, pourtant considérée comme « grenier à grains » de l'Europe, plongeait dans une pénurie chronique.

À partir de 1958, il fut interdit de nourrir les chevaux. Leurs rations devaient impérativement aller aux vaches et aux cochons, ces fameux porcs dont la Roumanie voulait intensifier l'élevage. Ces porcs-là voyageaient en avion, le régime se pliait en quatre pour les faire engraisser pendant qu'il redoublait de terreur pour affamer les chevaux. Les habitants des campagnes se souviennent de ces bêtes aux yeux révulsés, faméliques et à moitié folles. Le spectacle se révélait si insoutenable que certains employés des coopératives leur donnaient secrètement à manger alors qu'ils risquaient la prison.

Dans le journal *România Liberá*, une femme qui a passé son enfance à Mihailesti, non loin de Bucarest, raconte : « J'ai encore envie de pleurer quand j'y pense. Les deux chevaux de ma grand-mère ont été donnés à la coopérative, je les ai vus s'affaiblir. Ils ne se sont pas occupés d'eux, ils ne les ont pas nourris, puis ils les ont tués. Je n'oublierai jamais ces images de toute ma vie. » De 1958 à 1965, on massacra avec méthode les chevaux de Roumanie. Dans les villages, nul ne voulait s'acquitter de la sale besogne. Des bourreaux improvisés furent dès lors dépêchés sur tout le territoire. Les récits rapportent des chevaux attachés aux arbres et déchiquetés à la hache, des bêtes dépecées sur place, « bouillies dans de grands récipients » : « Les mâchoires étaient données aux porcs et aux volailles des coopératives. Les restes étaient parfois utilisés comme nourriture dans les fermes piscicoles », précise la *Romania libera*, qui qualifie cette affaire de « pogrom animal ».

Une telle barbarie a de quoi sidérer. Le régime ne cessait de régler ses comptes avec le monde agricole. Au niveau politique, les communistes se vengeaient d'une tradition idéologique propre à la Roumanie, le « paysannisme ». Le Parti avait eu du mal à éradiquer ce courant nationaliste très ancré. Par ailleurs, nombre de cadres du régime se trouvaient eux-mêmes issus d'un milieu rural dont ils avaient gardé en horreur la pauvreté. « Il fallait casser un passé honni, des origines haïes, des enfances misérables et sans horizon. Le léninisme fut une arme puissante au service du ressentiment social », relève l'historienne Catherine Durandin. Pas de pitié pour les paysans.

Par pur délire dogmatique, on élimina ainsi entre 500 000 et 800 000 bêtes. Aucun pays au monde n'a probablement perpétré un tel massacre animal. Or c'est le même gouvernement qui décida de négocier ses juifs, dont ma famille, en échange de bétail et d'équipements mécaniques afin d'accélérer l'exploitation du cheptel national. Les ordres transitèrent par le même ministère de l'Agriculture. Et les deux processus se déroulèrent exactement à la même période : 1958-1965. Vertigineux parallélisme. On tua par centaine de milliers des bêtes inutiles ; on troqua des êtres humains contre des bêtes utiles ; on négocia sans distinction des personnes contre des machines agricoles. Ce régime avait assujetti le vivant aux impératifs du productivisme agricole. Le cheval était exterminé, le juif était commercialisé, le porc roumain avait gagné en performance : il était prêt à l'export.

Henry Jacober se montra un marchand pragmatique et clairvoyant. En devenant passeur, il saisit plus qu'une opportunité pour s'enrichir, il métabolisa l'esprit d'une nation, aveuglée par sa course au productivisme et travaillée au corps par un lourd passé antisémite. Mes grands-parents ignoraient tout du contrat qui liait Henry Jacober aux autorités et dont ils faisaient l'objet. En remettant les éléments en perspective, j'irais plus loin qu'y voir une marchandisation des juifs roumains sur laquelle les travaux de Radu Ioanid ont fait toute la lumière. Je dirais que mes grands-parents et tant d'autres ont été transformés, à leur insu, en maillons d'une chaîne alimentaire contre nature. Une chaîne alimentaire dans laquelle un être humain atteindrait un rang supérieur au cheval, mais inférieur au cochon. Le cochon, suprême prédateur.

Les apatrides

La malle

MALGRÉ LA LIGNE PLACÉE sur écoute, Lucia Filderman avait pris la bonne décision en appelant Henry Jacober à l'Athénée Palace. Elle lui avait décrit mes grands-parents privés de papiers et moisissant en liberté surveillée. Dans la foulée, les menaces que le passeur adressa instamment aux autorités, doublées d'une spectaculaire surenchère en matière de verrats et de truies, débloquèrent le dossier. La Noël (ma grand-mère disait toujours « la Noël ») 1961 approchait, Harry et Gabriela Deleanu allaient se voir enfin restituer une feuille de route et un visa de sortie. Henry Jacober leur fit savoir qu'il ne faudrait pas tergiverser. Ils devaient être en mesure de quitter le pays en quelques heures. La situation pourrait se retourner à tout instant et le départ être compromis à jamais.

C'était mal connaître Gabriela : tout était prêt. La famille avait le droit d'emporter si peu de choses à l'étranger. Ma grand-mère avait soupesé l'utilité de chaque objet avec un soin maniaque. Il fallait trier jusqu'à la limite vitale. Peut-être cela lui avait-il occupé l'esprit et l'avait aidée à traverser les mois d'attente. Elle avait beaucoup donné autour d'elle et vendu le reste pour subsister. Elle n'avait gardé que le contenu autorisé : deux valises par personne ainsi qu'une malle que l'on expédierait par un train de marchandises. Cette malle – que nous possédons encore – avait appartenu aux parents de Harry, Elias et Sally Greenberg. Son père s'en était servi au XIXe siècle pour émigrer aux États-Unis et le couple y avait entreposé tout ce qui lui était précieux pour rentrer en Roumanie, en 1908. Une malle, trois générations, trois migrations, trois voyages : Bucarest-Houston, Houston-Bucarest, Bucarest-Paris. Les étiquettes craquelées qui parsèment aujourd'hui son couvercle en font foi. Chez Harry et Gabriela, à Bucarest, le volumineux bagage stationna de longues semaines dans le vestibule avant que le départ ne soit finalement autorisé.

Son contenu avait fait l'objet de longs débats. Mes grands-parents savaient qu'à la douane la malle serait méthodiquement vidée, fouillée jusque dans ses doublures. Il fut finalement décidé qu'elle contiendrait le strict nécessaire pour rebâtir un foyer à l'Ouest. À mesure qu'ils la remplissaient d'ustensiles, ils dressaient l'inventaire. Une vie « mode d'emploi », l'essentiel du confort moderne : une batterie de casseroles, des poêles, un faitout, une ménagère à couverts, des draps, des taies, des serviettes de bain, des couvertures, des édredons refaits à neuf pour l'occasion, la roulette de couture, les gants de ski tricotés à la main, le grand chausse-pied en bois... Mes grands-parents s'étaient saignés pour emporter ce qu'on trouvait si facilement et bon marché, partout en Occident. Mais comment pouvaient-ils le savoir, Harry et Gabriela ? Rien ne leur permettait de se représenter le Paris des années 1960. Victimes d'une réalité qui leur échappait, ils s'arrimaient aux objets, au concret, à ce qui les rassurait. Et ils paraient aux besoins primaires : manger, dormir, rester propre, se protéger du froid.

Se souvenir, aussi. Ils avaient emporté les quelques objets clés qui les relieraient à la maison de Bucarest : la pendule du salon, le grand vase en céramique, la lampe en verre de Murano, la vieille poupée de Lena, l'ours en peluche aux pattes dissymétriques de Marina... Les albums photos leur étaient interdits, on les soupçonnait de favoriser le transport de documents clandestins. Les filles Deleanu arrachèrent donc un à un les tirages à bords dentelés et les envoyèrent à Paris par la Poste. Chaque fois que j'en pioche un, je le retourne et je souris. Au dos, subsiste une petite trace de colle jaunie et de papier déchiré… ainsi qu'un numéro tracé à la main, tentative désespérée de fixer après coup la chronologie des bons moments.

La question des tableaux se trouvait réglée depuis des mois, il restait celle du chien. Leur amie Lucia Filderman était partie l'année précédente. Les Deleanu avaient gardé son chien, Gerică, qu'ils avaient promis de faire venir à Paris. Gabriela et sa fille cadette, Marina, s'y étaient énormément attachées. Très poilu et complètement ébouriffé, la puissance comique de l'animal jouait à plein. Harry demeurait indifférent à ses charmes, mais il avait le sens du devoir et ne pouvait rien refuser à Lucia qui subventionnait leur départ. Ce ne serait pas une mince affaire. La famille partirait en train sans le chien, longueur du voyage oblige. Il ferait le trajet, seul, par avion. Chaque soir précédant le départ, Marina était chargée d'enfermer le malheureux cabot dans une grande boîte en osier afin qu'il s'habituât aux conditions de la soute. Tétanisé, l'animal se débattait, glapissait. Ma mère en avait mal au ventre. Elle finit néanmoins par dompter les réticences de l'animal. À l'aéroport, il tenait sagement dans sa cage. C'est la police qui l'en sortit avant l'embarquement. On passa ce pauvre Gerică aux rayons X pour s'assurer que les Deleanu ne lui avaient pas fait avaler de pierres précieuses. Le chien passant clandestinement des diamants de famille ! De tous ces préparatifs vécus la boule au ventre, ce fut le seul épisode qui fit pleurer de rire Harry, Gabriela, Lena, Marina et même Roza, la grand-mère qui ne riait jamais.

L'Athénée Palace

VINT LE JOUR DU PREMIER face-à-face. Harry Deleanu sortit sous des tombereaux de neige. En ce mois de décembre 1961, il avait appris la présence du passeur à l'Athénée Palace, avait tout fait pour le rencontrer. Henry Jacober n'aimait pas Bucarest enneigé. Non, il n'aimait pas. Une année, les rez-de-chaussée des maisons s'étaient retrouvés entièrement ensevelis. Mes grands-parents avaient sorti spatules, peaux de phoques et bâtons par la fenêtre de leur chambre au premier étage, et avaient tracé une voie dans la poudreuse. Comme lors de l'exceptionnelle crue de la Seine à Paris, en 1910 : l'Histoire retient une catastrophe, mais les enfants rêvent devant le spectacle des grandes personnes sillonnant des boulevards en bateau ou à ski. Pour Henry Jacober, l'arrivée de la neige signifiait avant tout le ralentissement du business. Son métier, c'était le transport. Pour transporter, il fallait pouvoir circuler.

Entrer dans le grand hôtel – nid d'espions, nul ne l'ignorait –, affronter les regards et s'afficher avec son passeur demandait un sacré courage à mon grand-père. À quoi songeait-il en longeant l'avenue Victorei, l'avenue de la Victoire, l'artère la plus prestigieuse du pays, la seule que les communistes n'osèrent pas débaptiser ? Lui, pestiféré depuis son exclusion du Parti, allait pénétrer le cœur de la société bucarestoise. Il franchit le seuil et fut ébloui par l'éclat des lustres et des projecteurs qui illuminaient les colonnes de marbre jaune de l'immense hall. Harry vivait dans la nuit depuis des mois. Une moquette framboise écrasée recouvrait les travées qui, imposantes et désuètes, n'avaient pas désempli depuis cinquante ans. Il devait les traverser d'un pas assuré.

J'aurais aimé marcher à ses côtés. Humer les ragots et les souvenirs de ce lieu mythique de Bucarest où, pour la deuxième fois, allait se jouer l'avenir de ma famille. Ce sont les Américains qui en restituent le mieux l'atmosphère. Les archives du magazine *Life* fourmillent de clichés de l'impressionnante bâtisse blanche. Elle fut construite au début du siècle sur les modèles du Lutetia à Paris, puis finalement simplifiée, débarrassée des tourelles et colonnades qui ornaient sa façade.

La journaliste Rosie Waldeck a décrit avec soin la réception moderniste de l'Athénée Palace, ses vitrines clinquantes en verre et en aluminium. La mondaine, devenue vaguement comtesse par son mariage avec un aristocrate allemand, raffolait des grands hôtels européens. Le salon vert de l'Athénée, couvert de miroirs, avec ses canapés de brocart et ses tables basses à foison, restait un must. D'autant que l'arrogant hôtel Carlton de Bucarest n'avait pas résisté au tremblement de terre qui secoua la capitale en 1940. Le palace concurrent n'était plus qu'un piètre amas de plâtre et de fils de fer. L'Athénée, lui, n'avait pas bronché. Il émanait de l'indestructible édifice une évidente fierté, raison pour laquelle, peut-être, les communistes n'avaient guère osé y toucher.

Le lieu charriait, pourtant, un passé que les bolcheviques exécraient et qu'ils s'échinaient à faire oublier. Pendant la guerre, les fascistes triomphants s'y étaient pavanés avec leurs nouveaux alliés, dévoilant aux Allemands les derniers relents d'un art de vivre qui avait tutoyé des sommets. La toute nouvelle République populaire de Roumanie réprouvait cette sophistication. L'Athénée conservait néanmoins son influence et sa superbe. Le salon de beauté tout en chrome continuait de recevoir ses clients sur deux niveaux. Les hommes en bas, les femmes dans la galerie du haut. Harry avait emmené ses deux petites filles s'y faire couper les cheveux. Ma mère s'en souvient comme d'un immense privilège. Les coiffeuses et manucures du salon travaillaient bien sûr pour la police secrète. Mais, après tout, c'était le cas depuis trois générations et même, trois régimes politiques. À se demander si les shampouineuses les plus âgées n'avaient pas fourni successivement des renseignements à la garde royale, aux milices fascistes et enfin, à la police communiste !

Henry Jacober savait tout cela, il s'en accommodait d'un demi-sourire. Ses protecteurs étaient puissants. Le passeur attendait mon grand-père à la réception. Ils s'entretinrent en allemand, langue que Harry n'avait pas pratiquée depuis de nombreuses années. Il sentit avec fierté qu'il n'en avait rien oublié. Rasséréné, il remit à Jacober ce qu'il avait de plus précieux : ses diplômes d'ingénieur, ceux de musicologie et de français de son épouse, les sésames pour pouvoir un jour retravailler. Le régime interdisait d'emporter de tels documents à l'étranger. Ainsi, les citoyens roumains se retrouvaient-ils sans curriculum vitae, sans compétences validées, ni valeur professionnelle à l'extérieur de leurs frontières. Outre la chemise cartonnée, Harry remit au passeur une cassette de bijoux. Des bricoles, rien n'avait de prix. On y trouvait les boutons de manchette du père de Harry, la bague de fiançailles de sa mère, une montre à gousset qui avait appartenu à la sœur de mon grand-père… Henry Jacober, pragmatique et intéressé, n'en était pas moins homme de parole. Tout serait restitué. Documents et pacotilles.

Le passeur

JE VOUDRAIS POUVOIR regarder en face Henry Jacober, mort en 1975, l'année de ma naissance. Je le cherche depuis longtemps, mais les photographies de lui sont très rares et les témoins directs le deviennent aussi. En 1961, il faisait sortir du pays des gens déjà bien installés dans la vie. Beaucoup ne sont plus de ce monde. Les enfants qui ont emprunté la filière Jacober n'ont jamais vu le passeur. Celui-ci ne s'aventurait pas au domicile de ses « clients ». Un seul des deux parents était désigné comme contact, l'autre n'avait que les bribes d'un récit chuchoté. Concernant Jacober, on redoublait de précautions.

Qui pourrait dès lors me raconter le passeur ? Les grands-parents meurent toujours trop tôt, bien avant qu'on s'intéresse à leur histoire et qu'on leur pose de vraies questions. Henry Jacober va finir par surgir, là où je l'attends le moins, là où je travaille, à la Maison de la radio. Une directrice des antennes et des programmes vient d'être nommée. Nous nous sommes déjà rencontrées, mais c'est la première fois que nous pouvons réellement converser. Je la sais née en Roumanie, docteur en sciences politiques ayant travaillé sur la période Ceauşescu, fille d'une historienne qui a brassé les grands récits de son pays. Je me lance.

Dana Hastier avait trois ans et demi lorsque sa famille est partie. Je croyais qu'elle avait grandi en Israël. C'est bien le cas. Toutefois, leur première destination fut Paris. Sa famille y est arrivée un an et demi après la mienne. Grâce au même passeur ? Dana Hastier sait que sa mère, encore en vie et dont j'ai dévoré le livre sur le roi Carol de Roumanie, a été tenue hors de la confidence. Sa tante, en revanche, aurait – comme l'amie Lucia Filderman l'a fait pour mes grands-parents – tout arrangé depuis Paris. Néanmoins, le grand âge a flétri la mémoire de cette dame. Elle ne peut plus parler. Nous nous tournons donc vers le père de Dana Hastier.

Je suis tombée un bon jour. De ceux où la parole se fait alerte, les souvenirs précis, les anecdotes pléthoriques. De ceux qui redonnent à un homme de quatre-vingt-treize ans sa fierté d'antan et son irrépressible envie de séduire. Nicolae Haimovici, jeune médecin hospitalier à l'époque, me décrit par le menu le plan et le mobilier de la suite dans laquelle le passeur l'a reçu, au premier étage de l'Athénée Palace. Là, ils se sont rencontrés par deux fois, en 1961 et 1963, car un départ manqué a obligé le docteur Haimovici à recommencer les démarches. Constat immédiat : « Je ne m'étais pas imaginé qu'un homme qui avait le bras aussi long puisse être aussi petit ! Un mètre soixante et des poussières », insiste Nicolae Haimovici. Il a bonne mémoire : j'ai retrouvé des formulaires douaniers d'entrée au Brésil (Henry Jacober y achetait sans doute du bétail) sur lesquels la taille du passeur est consignée ; c'est un petit homme, en effet. Mon témoin ajoute à son évocation une silhouette bedonnante qui le fait encore sourire aujourd'hui : « C'était incroyable, son ventre était tellement gros qu'il débordait de partout ! »

En revanche, Nicolae Haimovici demeure ébahi par l'élégance de cet Anglais. Certes, le costume craquait sous l'embonpoint, mais Henry Jacober le portait avec un gilet et le tout paraissait sorti des meilleurs tailleurs londoniens. Coupe impeccable, étoffe rare. Nicolae Haimovici n'avait vu personne d'aussi bien habillé depuis son père et son oncle, dans les années 1930. Les Haimovici jouissaient alors d'une immense fortune, gagnée en exploitant des champs de pétrole. De cet argent, il n'était rien resté sous les communistes. Seul avait subsisté le souvenir émoussé d'hommes à l'allure follement distinguée. Henry Jacober chic comme dans les années 1930 ? En effet, le jeune docteur Haimovici avait dû sursauter car cela détonnait franchement dans le Bucarest de 1961. Les Roumains ne trouvaient alors pas grand-chose pour s'habiller. En outre, ils s'appliquaient à faire profil bas. Sortir du rang, c'était se mettre en danger. Le passeur, lui, ne cherchait manifestement pas à se faire oublier. Au contraire, il en imposait, preuve qu'il se sentait protégé.

Pour autant, Henry Jacober se montrait cordial, aucunement méprisant. Il ne rechignait pas à converser avec les rares personnes qui parlaient bien les langues étrangères à Bucarest. Nicolae Haimovici s'adressait à lui en anglais et me confie avoir passé un moment fort agréable avec le passeur. L'homme se révélait intuitif, curieux, posant une foule de questions, non pour faire son rapport aux autorités, mais pour sa propre gouverne. Il a probablement fait de même avec mon grand-père lors de leur conversation dans le hall du grand hôtel. Je l'entends interrogeant Nicolae, le médecin, sur les hôpitaux de la capitale roumaine, et Harry, l'ingénieur, sur ses ateliers et ses usines. Questions calibrées, calculées. Mieux Henry Jacober saisissait les arcanes de la Roumanie communiste, plus il pouvait en tirer profit.

Nicolae Haimovici me parle longuement. Il évoque l'étudiant brillant et admiré qu'il a été, son charme et son insouciance d'antan, son adhésion au Parti communiste, puis son exclusion précoce suite à la dénonciation de l'ami qui l'y avait fait entrer. Il raconte les trois semaines qu'il a passées enfermé dans les geôles du sous-sol de la Securitate, le hasard auquel il doit sa sortie indemne et, bien sûr, sa maison de Bucarest qu'il adorait et dont il me dépeint, soixante années après, chaque coquetterie et chaque recoin. Cette maison suscite en lui un immense regret. Je sens dans sa voix la brûlure de la spoliation mêlée au chagrin du déracinement. La maison fait exception, car tout le reste m'est conté d'un ton léger, enlevé, presque ironique. Exactement comme mes grands-parents. Leur voix ne se brisait qu'à l'évocation de leur maison. Je crois les entendre. Nous conversons par téléphone, l'épidémie de Covid-19 interdisant d'approcher un homme de son âge. Nul ne m'a parlé avec ce mélange de vocabulaire châtié et d'indéfectible accent roumain depuis si longtemps. Je retrouve chez Nicolae l'orgueil qui caractérisait ma grand-mère, ses jugements à la serpe et son humour piquant. Je cache mon émotion, ravale mes larmes, pour ne pas entraver ce fragile récit d'entre les morts.

Le départ

GABRIELA RENDIT UNE DERNIÈRE visite à Bissi Roman, son ancienne assistante au Conservatoire, restée une amie. Celle-ci serait arrêtée le lendemain, jour du départ des Deleanu, et accusée de propagande anticommuniste. Elle aurait prétendu, lors d'un interrogatoire, que le voyage de Youri Gagarine, pionnier soviétique de l'espace, porté aux nues par le Parti, était un mensonge et que « les Russes avaient bourré l'espace de couteaux pour empêcher quiconque de quitter l'orbite terrestre » (*sic*). Bissi Roman était parfaitement saine d'esprit. Quel fonctionnaire a bien pu lui prêter pareil délire ? Cela lui valut la prison. Il faut dire qu'on lui reprochait encore plus invraisemblable : elle aurait raconté que l'État roumain vendait ses citoyens à l'étranger. Et puis quoi encore ? Gabriela avait confié le secret de la filière Jacober à Bissi qui l'avait rapporté à une autre camarade. Cette personne – qui fut elle-même arrêtée – avait dénoncé Bissi dans la foulée. Décidément, les autorités ne voulaient pas voir cette vilaine rumeur s'ébruiter.

Le 17 décembre, un dimanche, ils quittèrent la maison au petit matin. Un musicien de renom et sa famille allaient venir l'occuper. Les Deleanu avaient laissé derrière eux deux ou trois meubles, le gros chat gris adoré dont il avait fallu se séparer et Erji, la fidèle femme de ménage qui gardait les lieux. La veille, il y eut quelques proches. On pensait ne jamais se revoir. Ce furent de douloureux adieux.

Lena et Marina, âgées de seize et quatorze ans, eurent l'impression de brûler vives, le jour du départ. Elles n'oublieraient jamais. Le silence dans la voiture qui les emmena à la gare ; ces places, ces avenues si familières, les devantures des magasins où elles avaient fait la queue, les jardins publics de Popa Nan où elles avaient joué petites, la rue de leur école primaire, le local des pionnières, les façades Art déco, le cabinet du dentiste, le grand hôtel où on leur avait coupé les cheveux. Tout, elles essayaient de tout embrasser, tout absorber, tout sauver. L'émigration de l'Est vers l'Ouest n'était pas un voyage, mais un aller sans retour. Ce que Lena et Marina voyaient disparaître par le hublot arrière de la berline leur semblait voué à la désintégration.

Un type en civil faisait les cent pas à la gare du Nord, devant leur wagon. Il affichait un air ostensiblement indifférent, mais ses hautes bottes en cuir rigide trahissaient son appartenance à la Securitate. Longtemps, les filles feraient des cauchemars pleins de cette froide figure à la démarche saccadée. Mon grand-père chargea calmement la kyrielle de valises dans le compartiment. Le train se mit en branle.

Ils se tenaient tout près les uns des autres, sérieux et bien mis. Harry veillait sur les siens tout en adressant des sourires prudents mais avenants aux autres voyageurs. Était-ce sa grande taille, sa peau mate, son regard enveloppant ? De lui, se dégageait quelque chose de rassurant. Gabriela ne desserrait pas les dents. Toute en rondeur, elle arrivait à peine à l'épaule de son mari et cultivait un quant-à-soi pincé. Elle se tenait, même dans la déchéance. En toutes circonstances, ma grand-mère prenait les gens et les problèmes de haut.

À ses deux filles, elle avait fait confectionner des souliers en chevreau beige chez le bottier le plus huppé de Bucarest. Il s'agissait d'arriver à Paris bien chaussées. Lena était une adolescente menue à l'air mutin – cheveux châtains, nez aquilin. Marina dépassait déjà sa grande sœur d'une tête. Brune, timide, joufflue, gauche dans son corps. Son visage soyeux fuyait les regards. Brusquement, l'enfance s'en était allée loin. Marina ne savait pas si elle devait s'y arrimer coûte que coûte, ou bien tout faire pour oublier. Elle n'osait pas demander. Les deux sœurs encadraient Roza, grand-mère neurasthénique à la mine sévère et masculine, terrassée par la dépression et l'anxiété. La vieille dame consentait avec fatalisme à cet ultime voyage d'Est en Ouest, ce départ sans retour. La vie l'avait terrassée.

La petite gare

LORSQU'ILS FURENT JETÉS du train, les autres voyageurs détournèrent le regard. Leurs bagages échouèrent dans la neige sans un mot. Les Deleanu avaient compté chacun des kilomètres qui les séparait de Curtici. Ce poste-frontière constituait la ligne d'horizon de tous les candidats au départ, le point de sortie de la Roumanie. Leur voyage allait s'arrêter là, dans une demi-nuit et un froid intense. Il fallut ramasser les paquets, soutenir la grand-mère chancelante. Les bottines beiges patinaient, s'enfonçaient, le cuir noircissait à vue d'œil. Peu à peu, les chaussures se gorgèrent d'un jus glacial. Mutique, Marina tirait sa valise du mieux qu'elle pouvait sur ces entrelacs de rails givrés, lignes d'acier blanchies et dépeuplées. Lena, d'ordinaire si tempérée, s'effondra en sanglots. Les pleurs se muèrent en cris.

Derrière eux, le train se remit en marche et disparut. « Mon cœur part avec lui » fut le seul commentaire arraché à mon grand-père. Ils se traînèrent jusqu'à la minuscule gare et s'assirent sur un banc, tous les cinq, seuls au milieu de rien. Une poignée de fonctionnaires s'affairaient en silence. La famille Deleanu n'eut droit à aucune explication, à aucun regard. Il fallait pourtant qu'ils remontent dans un train, n'importe lequel. Ils devaient sortir du pays à tout prix. Harry et Gabriela n'avaient pas tout dit à leurs filles, mais ils savaient courir un immense danger.

L'attente dura des heures. À la gare de Curtici, les voyageurs devaient dépenser leurs derniers lei, la monnaie roumaine qu'il était strictement interdit d'emporter au-delà de la frontière. Un comptoir était prévu à cet effet. On y achetait babioles et provisions pendant que les douaniers fouillaient les trains et contrôlaient les passeports. Gabriela avait emmené Marina, ma mère, faire quelques emplettes : un salami, un paquet de biscuits, un napperon brodé… Il fallait bien maintenir un semblant de normalité, tuer le temps, ne pas s'écrouler.

Que s'est-il joué cet après-midi-là ? Henry Jacober a été prévenu. Par qui ? On ne le saura jamais. Il n'a pas dévoilé les coulisses de l'exploit. Quelles pattes a-t-il graissées ? Combien cela a-t-il coûté ? A-t-il fallu ajouter des dizaines de cochons au marchandage initial ? Un troupeau supplémentaire de je ne sais quoi ? Un élevage automatisé dernier cri a-t-il été négocié ? Jusqu'à quel ministre le passeur est-il remonté ? Pas de traces écrites. Des appels téléphoniques, des pourparlers, des ultimatums. Pendant que les Deleanu erraient à la gare de Curtici, Henry Jacober réussit à faire immobiliser le train duquel ils avaient été jetés. La rame les attendait sur une voie de garage où elle se recouvrait d'un épais manteau blanc. Les voyageurs y étaient restés enfermés sans savoir pourquoi, ni jusqu'à quand.

Soudain, mon grand-père fit irruption dans l'échoppe de Curtici, arrachant la marchandise des mains de sa femme et de sa fille. Le train avait réapparu. Les gardes-frontières avaient même déjà balancé leurs bagages à l'intérieur du wagon. Et ils s'étaient emparés de la vieille Roza, pour la hisser jusqu'au marchepied. Lena, restée seule avec sa grand-mère, leur adressait des signes affolés. Le reste de la famille arriva en courant. On les poussa dans la rame déjà en marche. Harry réapparut dans le compartiment, livide de trouille, mais la tête haute. Un groupe d'Occidentaux, dont ma mère a oublié la nationalité, adressa de larges sourires aux rescapés du poste frontalier, les félicitant pour ce retour inespéré. Ils tapèrent dans le dos de mon grand-père, aidèrent à monter les valises dans les porte-bagages, offrirent à boire aux deux filles dont le visage était complètement hagard.

Ils furent les seuls à se conduire ainsi. Dans le wagon, on tenait ses distances. Il se tramait quelque chose de grave autour de cette famille-là, mieux valait ne pas frayer avec eux. Le compartiment d'à côté abritait une huile du Parti, peut-être une femme de ministre, qui voyageait avec un enfant. La grosse dame était accompagnée du pédiatre de sa progéniture. Ce dernier se trouvait être aussi le médecin de Lena et Marina. Il les recevait à son cabinet depuis leur naissance. Il s'était rendu maintes fois à la maison pour les urgences, avait soigné les rougeoles, les oreillons, contrôlé les courbes de croissance, grondé Marina qui s'obstinait à ne pas manger de légumes, sermonné sa grand-mère Roza qui ne lui préparait que des pommes de terre mayonnaise. En les croisant ce jour-là, le bon docteur resta de marbre. Il fit mine de ne pas les reconnaître, il n'esquissa pas même un signe de tête. Lena prit cette gifle silencieuse en pleine face ; la colère fit monter des larmes aux yeux de Marina ; Gabriela feignit l'indifférence. Elle ne détourna pas le regard.

Budapest

Il était tard. Les nerfs lâchaient. Les Deleanu ressentirent une immense fatigue, arrangèrent les couchettes précédemment défaites et s'endormirent, bercés par le roulement du train. Au réveil, les passagers avaient presque tous vidé les lieux. Harry et Gabriela mirent un certain temps à comprendre où ils se trouvaient. La désillusion fut sévère. Ils s'attendaient à avoir franchi le Mur durant la nuit. En réalité, ils stagnaient à Budapest, capitale de la Hongrie, pays communiste, allié inconditionnel de leur Roumanie natale, encore et toujours à l'Est... ils ne s'en extirperaient jamais. Et dire que leur convoi aurait dû être raccordé à l'Orient-Express, un nom qui les avait tant fait rêver. À cause de l'arrêt prolongé à Curtici, ils avaient manqué toutes les correspondances. Le train mythique était parti sans eux.

La gare de Budapest était sinistre. Par la fenêtre du wagon, les filles aperçurent d'emblée les murs criblés d'impacts de balles. Six ans auparavant, en 1956, les Hongrois s'étaient soulevés contre le régime communiste. Les manifestations avaient été réprimées dans le sang, un carnage épouvantable qui avait secoué tout le bloc soviétique. Lena et Marina étaient alors à l'école primaire, mais elles se souvenaient des sacs de sable et des mitrailleuses postées devant le bureau de leur père, au cas où les Roumains s'agiteraient à leur tour. Ils n'avaient pas bronché. En Hongrie, les deux adolescentes découvraient l'empreinte mortifère d'une révolution pour de vrai. On ne défiait pas le Parti communiste impunément. Les deux sœurs en restèrent pétrifiées.

Harry et Gabriela n'osaient pas quitter leur wagon. Ils regrettaient d'avoir choisi le train. Ils avaient craint que Roza, la mère de Gabriela, déjà très âgée et affaiblie par un diabète sévère, ne supportât pas l'avion. Toutefois, le rail leur infligeait le franchissement physique de chaque kilomètre, le passage de chaque entrée et de chaque sortie de territoire. Le voyage se transformait en un long martyre, si traumatisant qu'il finirait par constituer un point de non-retour pour ma mère. Trop de peur et de désespoir. Voyage irracontable sans que remontent les tremblements et les sanglots.

Les Deleanu se sentaient si vulnérables. Ils avaient acté leur déchéance de nationalité, même Lena et Marina, mineures, avaient signé le papier. Ils se trouvaient donc apatrides, dans un pays qui n'était pas le leur et qui ne figurait pas, non plus, sur leur feuille de route. Famille ballottée de frontière en frontière, à la merci de chaque bureaucratie.

Par chance, la Hongrie, pays de transit, ne voulut pas s'encombrer des Deleanu. Ils avaient été repérés. Dossier compliqué, il valait mieux s'en décharger, faire déguerpir ces ex-futurs prisonniers politiques au plus vite. Harry et Gabriela furent donc finalement autorisés à rejoindre l'Autriche. Lena et Marina allaient enfin fouler le sol d'un pays de l'Ouest, un pays libre !

Vienne

UN COUSIN DE GABRIELA avait été miraculeusement prévenu de cette nouvelle escale. Il les attendait à la gare. Alexandru Sanielevici était un éminent physicien qui représentait la Roumanie à la Commission atomique de Vienne. Il se savait évidemment surveillé de près, même à l'étranger. Lorsque mes grands-parents descendirent du train, il recula d'un mètre. Son accueil fut réfrigérant. Il ne leur serra pas la main, ne leur proposa pas même un café. Une photo volée de lui en si mauvaise compagnie eût été mal interprétée. Le cousin claquait littéralement des dents. Toutefois, aussi compromettants qu'étaient les Deleanu, Alexandru ne pouvait les ignorer.

Son vieux père, le mathématicien Simon Sanielevici, était l'un des oncles fameux de Gabriela, le frère aîné de la vieille Roza. Simon faisait figure de sommité en Roumanie et il avait atteint l'âge canonique de quatre-vingt-onze ans, aussi avait-il été autorisé à accompagner son fils à Vienne. Simon, sachant sa fin approcher, voulait revoir sa petite sœur une dernière fois. Il avait envoyé Alexandru la chercher à la gare, avec ordre de la lui ramener pour la journée. Lena et Marina regardèrent leur grand-mère s'engouffrer dans une voiture de marque allemande. Ça faisait un drôle d'effet de la voir s'éloigner à travers les rues de cette capitale inconnue, elle qui ne sortait jamais à Bucarest.

Harry, Gabriela et les deux filles avaient une demi-journée à occuper, ils s'aventurèrent en centre-ville, apeurés, sidérés. Il leur restait les quelques lei dont ils n'avaient pu se délester à la gare de Curtici. Ces pièces et billets étaient censés ne rien valoir à l'étranger, ils furent pourtant acceptés sans discuter dans le premier bureau de change. À se demander si les pays occidentaux ne faisaient pas réserve de ces devises communistes pour que leurs espions puissent les utiliser ensuite en mission ! Vienne se préparait à fêter Noël. Le Parti avait interdit cette fête en Roumanie et déployait des stratagèmes épuisants pour que nul ne la célébrât en cachette. Les Autrichiens, en revanche, s'en donnaient à cœur joie. Marina fut éblouie par les illuminations de Noël. La profusion et la magnificence des lumières viennoises. Elle n'avait jamais vu autant de marchandises dans des vitrines. C'était mirobolant. Lena repéra dans un magasin de chaussures une paire de bottines pointues en cuir. Celles, toutes neuves, prévues pour le voyage, avaient rendu l'âme dans la neige de Curtici. Elle en réclama une nouvelle paire. On la lui refusa. Son caprice se mua en une deuxième crise de larmes, aussi violente et incompréhensible que la première. Les parents, interloqués, finirent par céder. Puis, avec les derniers sous, ils achetèrent à leurs filles des bananes, fruits dont elles n'avaient vu que des dessins dans leurs livres d'enfant. Lentement savourée, la première bouchée resta inoubliable.

Paris

LE SOIR VENU, NOUVEAU départ, cette fois sans arrêt jusqu'à Paris. La famille trouva place dans le Wiener-Walzer. Ce train aux wagons en aluminium leur parut de toute beauté et d'une incroyable modernité. Traversée de l'Autriche de nuit. Lena refusa de se coucher. Elle resta assise, le dos droit comme un i, le visage fermé, les yeux rivés sur la fenêtre obscurcie. Le lendemain matin, la famille découvrit les reliefs suisses enneigés. Vision enchanteresse. Rien ne ravissait plus mes grands-parents que les paysages de montagne l'hiver. Le train sillonna enfin la campagne française. Les Deleanu arrivèrent en gare de l'Est, le 19 décembre 1961, aux alentours de dix-neuf heures. Lorsque Marina descendit sur le quai, elle perdit l'équilibre. Elle titubait, elle tanguait. Deux jours durant, le roulis du train avait imprimé sa cadence au plus profond de sa chair. Elle ne pouvait s'en défaire.

Une très belle femme les attendait en tête du train, Sylvia, vieille amie de Gabriela, parvenue quelques années auparavant à Paris. Elle était accompagnée de sa fille. Plus tard dans la soirée, l'adolescente, qui avait l'âge des sœurs Deleanu, fit une grave crise de nerfs. L'apparition de ces fantômes roumains sortis d'un train avait ravivé en elle les chocs successifs de son propre départ, de son propre voyage, de son propre exil.

Ensemble, ils traversèrent Paris, en prenant par les grands boulevards : Pigalle illuminée, la place Clichy encombrée, le parc Monceau sous les gelées, les Ternes dans l'obscurité. De loin, ils aperçurent une ombre colossale, l'Arc de triomphe. Sylvia les déposa au pied de chez Lucia Filderman. Encore elle. Elle avait logé chez eux avant le départ, ils logeraient chez elle à leur arrivée. Il faudrait l'étreindre, la remercier. Lena et Marina ne pipaient mot. Le clan Filderman avait dépensé sans compter pour obtenir la libération de Lucia et la faire expatrier mais, celle-ci arrivée en France, n'avait guère souhaité s'embarrasser de cette veuve fraîchement immigrée. Les Deleanu seraient sa famille de substitution. Elle s'était installée dans le VIIIe arrondissement, rue de Marignan. Un bien beau quartier. En réalité, elle occupait le fond d'un appartement haussmannien que des Français à particule lui avaient sous-loué. À eux, les espaces de réception, les pièces sur rue, le hall en marbre et l'ascenseur. À Lucia, les pièces sur cour, l'entrée et l'escalier de service que gravit bientôt la famille Deleanu avec ses paquets. Cinq étages à pied, une inaccessible cime pour la vieille Roza. Elle monta lentement, mais tout de même, elle monta. Lucia Filderman, fièrement campée sur son palier, les regardait s'élever jusqu'à elle. Femme rayonnante avant guerre, elle était devenue laide. Son âpreté n'avait d'égale que sa sécheresse.

Quelques jours plus tard, il tomba des bordées de neige sur la capitale. Le 31 décembre, aux dernières heures de l'année 1961, les Parisiens s'étaient calfeutrés. Deux silhouettes anonymes faisaient exception. Mystérieuses et malhabiles dans la nuit noire, elles se détachaient sur l'immensité blanche que formaient les Champs-Élysées. Un photographe de *France-Soir* saisit la scène. Le cliché fut publié le lendemain. En légende, le journal se demandait quels promeneurs avaient bien pu braver de telles intempéries. Il s'agissait de Harry et de sa fille aînée, Lena. Dûment emmitouflés, ils enjambaient en riant des monceaux de poudreuse. Rien, désormais, ne pourrait les empêcher de remonter la plus belle avenue du monde.

Le boulevard Haussmann

DÈS LEUR ARRIVÉE À PARIS, Harry et Gabriela furent reçus et interrogés une journée entière, chacun de son côté, au siège du contre-espionnage de la rue des Saussaies. Après cinq années de dictature militaire et quinze de régime communiste, cela ne dépaysait pas trop mes grands-parents ! Les services de renseignement, la surveillance policière... Harry et Gabriela semblaient mithridatisés. Mais à quoi s'intéressaient précisément les agents français ? Quelles questions leur furent posées ? Mes grands-parents n'en ont jamais rien raconté. Harry se vit, par ailleurs, convoqué seul à l'ambassade américaine. Lui qui n'avait entretenu aucun lien avec la bannière étoilée depuis presque soixante ans se croyait complètement oublié de son lointain pays de naissance. Il découvrit, au contraire, que ses interlocuteurs savaient tout de lui. Son dossier contenait autant d'informations sur ses origines texanes que sur son enfance en Roumanie. Les agents américains pouvaient citer le nom du gosse, assis à côté de lui, sur une photo de classe datant de l'école primaire à Bucarest ! La guerre froide et son arsenal paranoïaque...

Leur installation à Paris supposait un autre rendez-vous que Harry attendit sans broncher. Pendant des semaines, Henry Jacober ne donna pas signe de vie. Quand il se manifesta enfin, le passeur avait choisi un hall d'hôtel, encore un, pour son entrevue avec mon grand-père : le Commodore, situé au 12, boulevard Haussmann, dans le IXe arrondissement. Là, Jacober restitua pochette et cassette, diplômes et bijoux.

Le passeur fit plus que cela, il consentit à livrer quelques vérités sur ce départ qu'il avait orchestré. Pas une allusion au troc porcin, bien sûr, mais ce jour-là Harry Deleanu comprit ce qu'il n'avait pas mesuré. Il avait été officiellement désigné comme « ennemi du peuple » : en Roumanie, il était recherché. Mon grand-père avait quitté Bucarest un dimanche matin, quelques heures avant une arrestation dûment programmée. Ceci expliquait le vent de panique au poste-frontière de Curtici lorsque les informations s'étaient croisées. En réalité, Paris ne constituait ni une nouvelle vie, ni une meilleure vie, mais une chance de survie. Harry sortit en tremblant de l'hôtel Commodore, il regarda la ville autrement.

Ses diplômes en main, mon grand-père trouva du travail malgré ses cinquante-huit ans. C'était la France du plein emploi. Harry fut embauché comme ingénieur dans une usine textile à Troyes, dans l'Aube. Il s'y rendait en train, y résidait une partie de la semaine. Il travailla jusqu'à un âge avancé et remboursa Lucia Filderman jusqu'au dernier centime. Gabriela figurait, elle, dans les registres de la Société française de musicologie dont elle avait dû prendre une carte de membre à son arrivée. Elle finit par accepter une mission au CNRS. Il s'agissait de constituer un fonds d'archives de musique folklorique. Le local se trouvait au sous-sol, ma grand-mère fut prise de claustrophobie. Ses crises ne disaient qu'une chose : elle ne se supportait pas dans cet emploi subalterne. Et ne comprenait pas que son éclatante supériorité ne fût pas une évidence aux yeux de tous. Elle en souffrirait toute sa vie. Gabriela démissionna et demeura femme au foyer, aigre et désabusée.

L'hôtel Commodore n'a pas bougé. Il a été récemment rebaptisé d'un nom ridiculement pompeux et brasse une clientèle d'affaires. Je le sais, j'ai longtemps travaillé à la rédaction du *Figaro* dont le siège historique était situé rue du Louvre. Un jour, le journal a déménagé dans un immense bâtiment en pierre de taille, à l'angle du boulevard Haussmann et de la rue Laffitte. Les fenêtres de mon service, au premier étage, plongeaient directement sur le salon du Commodore. Le bureau de mon amie Paule Gonzalès et le mien étaient alors disposés l'un face à l'autre. Nous avons passé des heures à deviser sur l'histoire de nos familles et particulièrement sur celle de nos mères, l'une rapatriée d'Algérie, l'autre réfugiée de Roumanie, la même année. Elles avaient en commun d'avoir gardé un rapport anxieux, voire électrique, à toute forme de départ et d'empaquetage. Nous en plaisantions, Paule et moi. J'adorais nos conversations. Sans le savoir, en papotant, je contemplais chaque jour de petites tables et des banquettes rangées le long d'une grande baie vitrée : la devanture de l'hôtel Commodore. Là, exactement là, où Harry Deleanu et Henry Jacober, hommes d'âge mûr portant chapeaux de feutre et pardessus, s'étaient revus au début de l'année 1962. Là où ils se sont regardés dans les yeux pour la dernière fois, liant à jamais le destin de ma famille à l'histoire obscure de cet homme auquel tant de juifs doivent la liberté. Malgré les immenses difficultés, le passeur avait rempli sa part du contrat. Mes grands-parents n'entendirent plus jamais parler de lui.

L'ombre de Schindler

Henrik Illes Jacober était lui-même juif. Il naquit en 1900 à Mukachevo, localité d'Europe centrale qui fut, un temps, province du royaume de Hongrie sous domination autrichienne, puis région tchécoslovaque avant de devenir ukrainienne ! Il émigra entre les deux guerres et se maria à Vienne en 1929 avec Olga Kann, une jeune beauté qui avait dix ans de moins que lui et venait de Bratislava. Le couple s'installa finalement à Londres, où il demeura jusqu'à la mort de Jacober, en 1975. Henrik, devenu citoyen britannique, se fit appeler Henry.

Il semble avoir mené ensuite la vie d'un négociant parvenu, voyageant de manière incessante, probablement plus pour le business que pour le plaisir. Olga et lui ont effectué plusieurs allers-retours au Brésil, grand pays de bétail. On trouve la trace de deux de ses sociétés, inscrites au registre du commerce britannique : Jakober & Co et Lineage Livestock Ltd. À Londres, Henry Jacober s'offrit une résidence dans un quartier chic. En racontant ses souvenirs, un agent du Mossad, le service du renseignement extérieur israélien, prit soin de décrire l'intérieur des Jacober dans lequel il s'était rendu à plusieurs reprises : des œuvres d'art côtoyaient nombre d'objets rituels, témoignant de l'ancrage juif du couple et de son caractère observant.

Tous les services secrets du monde se sont intéressés à Henry Jacober ! Les Français engrangeaient sur lui des informations à l'arrivée de chaque réfugié roumain dont il avait géré le dossier. Les Anglais surveillaient de près l'ambassade de Roumanie sur leur territoire. La véritable activité de Gheorghe Marcu – contact de Jacober et émissaire de la Securitate – ne leur a pas échappé. Les Israéliens y viendraient bientôt, car la filière Jacober allait évoluer vers un vaste échange « juifs contre dollars » avec leur pays. Mais, pour commencer, ce sont les agents roumains qui rédigèrent le plus de rapports sur le passeur. Le gros des troupes de la Securitate ignorait tout de l'accord qu'il avait passé avec une poignée de dirigeants triés sur le volet. Aussi, croyant bien faire, les services du renseignement le placèrent sous surveillance constante. Ils le soupçonnèrent même d'être un espion anglais et ils s'en inquiétèrent ! Pourtant, à Bucarest, les filatures firent chou blanc. Jacober semblait surtout s'y ennuyer. Son seul plaisir ? De fréquentes entrevues avec la chanteuse Maria Tanase, la Piaf roumaine, immensément populaire avant guerre, haïe et persécutée par les fascistes, adoubée par les communistes.

Maria Tanase était alors une splendide quadragénaire. Jacober entretenait-il une liaison avec la chanteuse ? Il me plaît de l'imaginer bien qu'aucune source ne l'atteste. Les agents roumains ont dû gamberger eux aussi... Une chose est sûre, le passeur avait les poches pleines. Il introduisait toutes sortes de denrées introuvables en République populaire de Roumanie. Fit-il tourner la tête de la chanteuse comme il corrompit les huiles du Parti ? Jacober ne lésinait pas. On pouvait voir Alexandru Draghici, ministre de l'Intérieur, traversant Bucarest au volant d'une énorme Jaguar grise, probablement la MK2, la berline de luxe la plus admirée au monde. En 1961, année où Jacober fit exfiltrer ma famille, il distribua des bonus à ses contacts : encore une Jaguar, une Humber, voiture anglaise très recherchée, ainsi que des blocs d'air conditionné. L'historien Radu Ioanid pointe, par ailleurs, quantité de fusils de chasse dernier cri et de munitions dont Jacober arrosait la direction générale du renseignement extérieur. Les cadres de la Securitate étaient complètement toqués de ces armes à feu.

Le parallèle avec Oskar Schindler est tentant. Pendant la Seconde Guerre mondiale, cet industriel allemand arracha mille deux cents juifs à la chambre à gaz, en établissant des listes d'hommes et de femmes indispensables au fonctionnement de ses usines polonaises. Pour ce faire, il entretint les meilleures relations avec le gratin nazi et s'acheta les bonnes grâces des dignitaires en multipliant les cadeaux, objets de luxe et produits rares par temps de guerre. Au cours de ses recherches, Radu Ioanid a pu s'entretenir avec l'ancienne secrétaire de Henry Jacober. Phyllis Yadin, aujourd'hui décédée, avait vingt-deux ans lorsqu'elle commença à travailler pour le passeur. Le portrait qu'elle s'appliquait à composer de son ancien patron le faisait en effet passer pour une sorte de Schindler. Elle le décrivait comme un individu « gentil et compatissant », habité par des intentions « philanthropiques ». Elle tenait aussi à préciser qu'il était loin de toucher une commission pour chaque citoyen ajouté à ses listes. Or les listes de Jacober ne cessaient de s'allonger. On sait aujourd'hui que le service de la Securitate préposé au contrôle du courrier interceptait un flot incessant de lettres suppliant Henry Jacober de prendre en main tel ou tel dossier, de faire sortir à tout prix telle ou telle famille de Roumanie.

Mes grands-parents avaient adhéré à cette version enjolivée, l'homme d'affaires faisant libérer des Roumains par générosité et peut-être même par devoir humanitaire. Pour la jeune secrétaire de Jacober, le passeur ne traitait d'ailleurs pas seulement les cas de « gens importants ». Je soumets l'histoire au docteur Nicola Haimovici qui émigra grâce à Jacober en 1963 et qui a aimablement fouillé dans sa mémoire pour m'en faire le portrait. Le vieil homme éclate carrément de rire au téléphone. Moins naïf que mes grands-parents, il s'est douté toute sa vie d'un genre de troc, mais il n'a jamais eu vent des animaux d'élevage. En revanche, sur la nature de la filière Jacober et sur le bonhomme, il ne se faisait aucune illusion. « Mais enfin, il n'aidait que les gens riches ! s'exclame-t-il. Ne pouvaient partir que ceux qui avaient de l'argent pour payer. Et beaucoup d'argent ! Nous ne nous en sommes pas trop mal sortis. Ma sœur, qui vivait déjà à Paris, avait obtenu le contact de Henry Jacober grâce à l'une de ses proches amies.

Nous n'avons donc pas eu à rémunérer d'intermédiaires. Heureusement, car plus ces derniers étaient nombreux, plus ils se sucraient au passage et plus le prix grimpait, pouvant atteindre des sommes considérables. Il y avait là quantité de dollars en circulation. » Fin de la comparaison avec Schindler.

Les Israéliens

UN « MAÎTRE CHANTEUR », c'est ainsi que les Israéliens qualifiaient Henry Jacober. On l'a vu, le passeur reçut la visite à son domicile d'un agent du Mossad. Celui-ci se nommait Shaike Dan, homme discret au parcours exceptionnel, il fut chargé d'organiser l'*alyah* des juifs d'Europe vers la Terre promise : la Palestine pendant la guerre, l'État d'Israël lorsqu'il fut créé ensuite. Au cours de sa carrière, Shaike Dan passe pour avoir « sauvé » des centaines de milliers de juifs reclus derrière le Rideau de fer. Dans les années 1960, Israël cherchait activement à se peupler et avait grand besoin de cadres compétents. Inévitablement, Shaike Dan s'intéressa à la Roumanie qui comptait la plus grande communauté juive après la Russie. Or la rumeur se répandait qu'un Anglais arrivait à faire sortir des juifs de Roumanie, pays communiste pourtant verrouillé à double tour. On parlait même de « trafic ». Les Israéliens voulurent en avoir le cœur net.

Shaike Dan insista auprès de l'ambassade d'Israël à Londres pour qu'on lui organise un rendez-vous avec ce fameux Jacober. Ses contacts rechignaient car l'individu traînait une réputation de semi-crapule, uniquement attirée par l'argent. Le rendez-vous eut finalement lieu à l'hôtel Dorchester. Dans ses Mémoires, l'agent a consacré plusieurs pages aux pourparlers entre les services israéliens et le passeur. En traduisant ici quelques passages de l'anglais, je m'aperçois que Shaike Dan ne nomme jamais Henry Jacober, alors que son livre fourmille de noms et de portraits. L'Israélien a un tel mépris pour ce juif faisant commerce d'autre juifs que, paradoxalement, il l'appelle « *the Jew* », « le juif », c'est tout.

Shaike Dan se mit en tête d'emmener son supérieur hiérarchique chez Henry Jacober, afin que celui-ci se fasse une idée plus nette du bonhomme et de ses manigances. Non seulement le passeur voulait poursuivre son business de juifs roumains, mais il songeait aussi à l'étendre. Israël constituerait pour lui un sacré débouché. Il reçut les hommes du Mossad avec force égards. Shaike Dan savait à quoi s'attendre, mais le cynisme du passeur négociant son pourcentage révolta le chef : « Il pouvait nous voir conclure des accords avec des goys, des Turcs, des Grecs… Mais là, il était choqué d'apprendre que nous devions payer une commission à un juif comme rémunération pour sauver d'autres juifs. »

Shaike Dan tenta de calmer son supérieur car, à mesure que les rendez-vous se multipliaient, il s'était forgé une conviction : Henry Jacober disposait d'un épais carnet d'adresses et jouissait de la confiance des apparatchiks roumains. En outre, le marchand anglais, rompu à l'import-export de bétail, présentait un savoir-faire logistique évident. Il fallait détourner la filière Jacober, la mettre au service d'Israël. Shaike Dan n'y alla pas par quatre chemins pour mettre un point final au trafic de Jacober qu'il qualifiait d'« extorsion de fonds à grande échelle » : « Je lui ai catégoriquement dit qu'il ferait mieux de se retirer de toute affaire impliquant de faire payer pour sortir des juifs. Je l'ai menacé, s'il ne s'arrêtait pas, de lui envoyer le groupe qui s'était occupé d'Eichmann. » En 1960, un commando du Mossad avait enlevé en pleine rue Adolf Eichmann, criminel de guerre nazi exilé en Argentine. L'ancien SS, responsable de la Solution finale, fut séquestré dans une cave, contraint de reconnaître sa véritable identité, puis ramené de force en Israël où il fut jugé et exécuté. Henry

Jacober comprit parfaitement le message et, pris d'une peur panique, jura de ne plus opérer pour son compte, mais pour celui des Israéliens.

Bien que son supérieur se bouchât le nez, Shaike Dan avait la conviction que tout le monde n'était pas capable de faire sortir quantité de juifs d'un pays aussi barricadé que la Roumanie : « Un tel travail ne pouvait pas être réalisé par de grands rabbins, mais par des types louches comme celui-là. » En 1961, il porta le cas Jacober devant le Premier ministre israélien, David Ben Gourion. À la réunion assista Golda Meir, à l'époque ministre des Affaires étrangères et ancienne ambassadrice d'Israël en Union soviétique. Shaike Dan plaida pour le recrutement du passeur. Israël avait besoin des juifs roumains, il ne fallait pas tergiverser. Le chef de Shaike Dan exposa, lui, ce que cette filière avait de moralement inacceptable et de compromettant pour Israël. À la surprise de tous, Ben Gourion trancha en faveur de Jacober.

De son côté, Henry Jacober dut convaincre les Roumains de collaborer avec Israël, ce qui ne fut pas une mince affaire. La proposition fut d'abord vécue comme une provocation. Comment ça, des juifs à vendre ? Quels juifs à vendre ? Bucarest supportait mal d'être démasqué. Mais Henry Jacober s'entêta. Il jouait gros. Dans ses confessions, le général Ion Mihai Pacepa raconte comment le passeur s'était « obstiné » et comment il avait fait plier le gouvernement roumain : « Quelques mois plus tard, il était revenu à la charge, proposant l'installation en Roumanie d'un élevage de poulets entièrement automatisé, livré clé en main, si cinq cents familles juives recevaient leur visa d'émigration [pour Israël]. Cette fois, le prédécesseur de Ceaucescu, Gheorghe Gheorghiu-Dej, s'était laissé tenter et avait accepté le marché à titre d'expérience. Un an après, une exploitation avicole moderne commençait à fonctionner à Periş, petit village situé au nord de Bucarest, sur des terres appartenant au ministère de l'Intérieur. Gheorghiu-Dej l'avait visitée, avait été séduit, avait accordé les cinq cents visas promis et commandé cinq autres fermes. »

Ainsi le commerce de juifs prit-il une autre ampleur. Le nombre de ceux qui quittaient le territoire augmenta considérablement. La période que l'historien Radu Ioanid appelle le « troc » se trouvait révolue. Le départ de ma famille s'était inscrit dans cette première phase que l'on pourrait aimablement qualifier d'« artisanale ». Une ère industrielle allait s'ouvrir.

« À la fin de 1964, le ministère de l'Intérieur était devenu le premier producteur de viande de

Roumanie. Il possédait des élevages de poulets, de dindons, de cochons, de bovins, et plus de cent mille moutons, résume le général Pacepa. Toutes ces installations, regroupées dans la région de Periş, étaient équipées des systèmes les plus perfectionnés d'abattage, de réfrigération et d'emballage. Un parc spécial de camions frigorifiques Mercedes portant le sigle TIR assurait le transport de la marchandise hors de nos frontières. En 1965, une usine de Kellogg's Cornflakes fut ajoutée à l'ensemble… Les ateliers et les fermes employaient un personnel uniquement composé de prisonniers politiques – une couche de la population où les agronomes et les vétérinaires étaient en général largement représentés. Lorsque le ministère de l'Intérieur se plaignait de manquer de spécialistes, la réponse était invariablement la même : "Trouvez-les en prison. Ou trouvez-les à l'extérieur et mettez-les en prison." »

Dans un premier temps, l'arrivée au pouvoir de Nicolae Ceauşescu porta, on l'a vu, un coup d'arrêt à cette nouvelle version de la filière Jacober. Lorsque le dictateur se ravisa, il « fit demander si Jacober était toujours vivant ». Toutefois, Ceauşescu changea les termes du contrat : « Les visas accordés par Bucarest ne devaient plus être échangés contre des animaux ou des usines, mais payés en dollars. Cette opération fut montée encore plus discrètement que la première. » Les Roumains se montraient de plus en plus avides. Et de plus en plus précautionneux. Tout fut fait pour protéger les apparences et exonérer la Securitate de la moindre responsabilité.

Après le décès de Henry Jacober en 1975, il n'y eut plus d'intermédiaire : la Roumanie traita en direct avec les Israéliens. Deux agents se donnaient rendez-vous dans diverses ambassades d'Europe, sous couvert de rencontres diplomatiques. L'un apportait des listes de juifs autorisés à l'immigration, l'autre une Samsonite (les Roumains exigeaient une Samsonite !) pleine de billets. Le prix d'un juif de Roumanie variait entre deux mille et cinquante mille dollars, « selon l'âge, l'éducation, la profession, la situation de famille ». Le général Pacepa se souvient qu'« en 1974, une de ces valises fut égarée à l'aéroport de Zurich et retrouvée intacte quelques jours plus tard avec plus d'un million de dollars à l'intérieur ».

Juifs à vendre

VENDRE LES JUIFS de Roumanie. Les communistes avaient-ils la paternité d'un tel projet ? Non, les fascistes les avaient devancés. Ils y avaient pensé, semble-t-il, dès le milieu de la guerre. Le gouvernement du maréchal Antonescu se servait alors de la Transnistrie, région limitrophe de l'Ukraine, comme d'un « dépotoir » où il faisait s'entasser en masse les juifs déportés. Or ces derniers n'en finissaient plus de mourir, malgré la famine, les épidémies et les atrocités qu'ils subissaient sans répit. La Transnistrie a pu commencer à devenir encombrante pour le leader roumain de l'époque. Le 13 février 1943, parut dans le *New York Times* un article qui passa relativement inaperçu aux yeux du grand public américain, mais dont une association juive allait rapidement s'emparer. Et pour cause. Il y était écrit noir sur blanc que l'État roumain songeait à vendre ses juifs. Une vente à la pièce, avec négociation tête par tête : un moyen de s'en débarrasser plus rapidement et plus proprement, tout en se renflouant.

Le scoop était signé Cyrus Leo Sulzberger II, membre de la prestigieuse dynastie des Sulzberger, la famille fondatrice du *New York Times* et qui règne, aujourd'hui encore, sur la destinée du quotidien américain. En 1943, Cyrus Leo, neveu du directeur de la rédaction, était grand reporter. Son papier fut envoyé depuis Londres. Il mettait au jour le projet du gouvernement roumain : consentir au transfert de 70 000 juifs parmi les 185 000 encore retenus en Transnistrie. Ils seraient d'abord rapatriés à Bucarest, puis vers un lieu de refuge à déterminer. Les Roumains suggéraient la Palestine et proposaient de fournir des navires pour le voyage.

À cette date, la bataille de Stalingrad venait de s'achever. Une possible victoire des Soviétiques sur les forces de l'Axe se dessinait. Le maréchal Antonescu sentait que le vent risquait de tourner. N'était-ce pas le moment d'envoyer un signal aux Alliés ? On l'a vu, la déportation des juifs de Bucarest fut ajournée. Et voici que les fascistes roumains proposaient la libération des juifs de Transnistrie ? Le geste ne serait pas gratuit pour autant. En échange, la Roumanie envisageait que lui fût versée, à titre de frais de transport et frais annexes, une taxe de vingt mille lei par réfugié (l'équivalent de cinquante dollars). L'article du *New York Times* décortiquait l'ensemble du projet : après avoir cherché à anéantir ces vies juives avec une haine et un acharnement hors du commun, sauver les déportés de Transnistrie moyennant finance. Sous prétexte de coût logistique, fixer un prix par être humain.

Les Alliés devaient-ils acheter ces juifs roumains mis sur le marché ? L'historien américain David S. Wyman a exhumé le scoop du *New York Times* dans un livre intitulé *L'Abandon des juifs*, paru en 1984. Ce chercheur a consacré sa carrière à démontrer la culpabilité des États-Unis dans le non-sauvetage des juifs d'Europe pendant la guerre. Son travail a été largement critiqué, notamment par le cinéaste Claude Lanzmann, auteur du film *Shoah*, et ses analyses sont sujettes à caution. David Wyman affirme – archives du procès de Nuremberg à l'appui – que la proposition roumaine était très sérieuse. L'historien regrette dès lors que les gouvernements britannique et américain l'aient enterrée « avec beaucoup de légèreté » et qu'ils soient passés à côté d'une chance réelle de secourir les juifs roumains. Tout cela ne tient évidemment pas debout. En février 1943, les États-Unis et la Grande-Bretagne avaient certes décidé que sauver les juifs ne constituait pas une priorité. Mais reprocher aux Alliés, à cette date, de n'avoir pas volé au secours des déportés d'Europe centrale un chéquier à la main et des valises de billets plein les soutes est absurde.

Cependant, la nouvelle de ces premiers juifs à vendre donna une idée fumeuse à un groupe de pression juif. La farce qui allait en découler préfigurait le commerce dont mes grands-parents et d'autres feraient l'objet vingt ans plus tard. Pour cela, elle mérite qu'on s'y arrête. Trois jours après la sortie du scoop du *New York Times*, des activistes sionistes radicaux, issus du Comité pour une armée juive (*Committee for a Jewish Army of Stateless and Palestinian Jews*), achetèrent un vaste encart dans le même journal et firent publier un message publicitaire volontairement tapageur. La Roumanie était prête à monnayer la vie de ses juifs et personne ne semblait s'en émouvoir ? Qu'à cela ne tienne, le Comité allait forcer le trait, histoire de bousculer les consciences.

Leur réclame était barrée d'un énorme titre : « À VENDRE à l'humanité : 70 000 juifs. Êtres humains garantis à 50 dollars pièce. » Venait ensuite ce texte : « La Roumanie est fatiguée de tuer ses juifs. Elle en a tué 100 000 en deux ans. Aujourd'hui, la Roumanie est prête à donner ses juifs pour presque rien. » Ailleurs dans la page, on pouvait lire : « Attention l'Amérique !!! La super affaire roumaine ne vaut que pour un mois ! C'est une offre sans précédent ! Les portes de la Roumanie sont ouvertes ! Agissez maintenant ! » L'annonce se concluait par un bon de souscription et une lettre au président Roosevelt.

Elle avait été rédigée par Ben Hecht, scénariste américain très en vogue, qui se battait pour attirer l'attention de l'Amérique sur la situation des juifs d'Europe. La volonté était d'intensifier la pression en faveur d'opérations de sauvetage des juifs persécutés. Cette page de publicité, unanimement qualifiée de sensationnaliste et mensongère, déclencha un déluge de protestations, y compris de la part des organisations juives. La notion de vente et la mention d'un « prix » provoquèrent une levée de boucliers.

La bruyante affaire des juifs de Roumanie à vendre pour une poignée de dollars retomba vite. Elle s'inspirait pourtant d'une idée bien réelle du maréchal Antonescu. Celui-ci s'était heurté à l'opposition des Allemands et à celle des Britanniques qui ne voyaient pas d'un bon œil l'afflux massif de population juive vers la Palestine. Bref, le régime fasciste ne put pas se débarrasser de ses juifs en faisant commerce et en tirant bénéfice de ces indésirables. Les communistes, eux, allaient y parvenir quelques années plus tard. Et de manière très rentable. Aussi Radu Ioanid écrit-il que, sur le plan commercial et pécuniaire, les communistes ont réussi là où les fascistes ont échoué.

La langue paternelle

DÈS LEUR INSTALLATION à Paris, Lena et Marina firent leur entrée en classe de première et de troisième. En ce mois de janvier 1962, les établissements scolaires débordaient d'enfants du baby-boom. Il fut très difficile de leur trouver des places en cours d'année. Dans l'entourage de Lucia Filderman, quelqu'un avait de l'entregent et sollicita Jean Capelle en personne, le directeur des lycées à l'Éducation nationale : Lena entra au lycée Racine, Marina au collège La Fontaine.

Ma mère arriva un matin, en uniforme. On se leva à l'entrée de la principale qui introduisait la nouvelle, une réfugiée politique fraîchement arrivée de Roumanie. Les jeunes filles du XVIe arrondissement écarquillèrent les yeux. Elles ne connaissaient pas l'existence de ce pays et n'avaient jamais vu de petites communistes. Marina fit ses débuts avec les rudiments inculqués par mère

Hélène. L'année suivante, elle remporta un premier prix de français. Comme dans toutes les familles d'immigrés, vint le moment où les enfants tentèrent d'imposer la langue de leur pays d'adoption à la maison. Sans succès. Harry, Gabriela et Roza continuèrent de parler roumain entre eux.

Liées à vie par la déchirure de l'exil, Lena et Marina ne se séparèrent plus. Elles firent les mêmes études d'architecture à l'École des beaux-arts de Paris et choisirent le même métier. Elles fondèrent ensemble leur agence et travaillèrent côte à côte jusqu'à la mort prématurée de Lena. Mieux, elles habitèrent deux maisons strictement identiques, situées l'une en face de l'autre dans une ruelle minuscule. Elles eurent chacune des filles qu'elles élevèrent comme des sœurs. Ni chez Lena, ni chez Marina, on ne pouvait déceler la moindre trace d'accent. Elles avaient épousé des garçons aux noms bien français qui ne cherchèrent pas à apprendre le roumain. Ne souhaitant pas utiliser avec leurs enfants une langue que les pères ne comprenaient pas, elles ne nous parlèrent pas roumain. Lena et Marina n'ont élevé leurs filles qu'en français. Je parle donc ma langue paternelle et n'ai jamais parlé ma langue maternelle. À moins que la langue maternelle ne soit celle de la mère patrie. Dans ce cas, oui, je suis née en France, je parle ma langue maternelle. Mais je ne parle pas la langue de ma mère.

Voilà qui dit combien il a été difficile de mettre les bons mots sur ce passé maternel, passé roumain en roumain avant que la famille n'entame une nouvelle vie en France et en français. Dans cette nouvelle langue, mes grands-parents ont dit un peu sans dire. Cela leur semblait vieux, cela leur semblait loin, à quoi bon se retourner. Lena disait beaucoup tout en maintenant ses souvenirs à distance, les préservant de toute nostalgie, de toute émotion et de tout chagrin. Ma mère, elle, voulait dire mais s'interrompait net, comme si au fond de sa gorge s'entre-dévoraient deux langues que la douleur d'un arrachement au pays d'avant empêchait de départager. Quand les deux langues se sont apprivoisées, quand notre mère a enfin pu parler, ma sœur et moi n'avions plus envie de savoir ce qui s'était passé de l'autre côté du Mur, dans cette langue – le roumain – pleine de heurts et de pleurs qui n'était pas la nôtre.

Il a fallu que ma mère découvre les travaux de Radu Ioanid, cette affaire de juifs troqués contre des cochons, et que le nom de mes grands-parents inscrit dans un livre d'histoire me saute aux yeux pour que j'accepte de l'écouter et décide, enfin, d'emplir de mots les blancs laissés par mes grands-parents.

Georges Perec, écrivain français, né de parents juifs polonais ayant fui leur pays, se rendit à Ellis Island, pour les besoins d'un documentaire télévisé commandé par TF1, dans les années 1980. Le commentaire qui accompagne les images du film a été retranscrit et publié. Très bref, ce livre est l'un des plus percutants qu'il m'ait été donné de lire. Perec raconte à sa manière l'île de la statue de la Liberté qui garde Manhattan, porte d'entrée de migrants venus du Vieux Continent un siècle durant. Parmi eux, tant de juifs d'Europe de l'Est et de Russie, chassés par la misère, les pogroms et la haine ordinaire. La famille de Perec n'est pas, comme celle de mon grand-père Harry, passée par l'Amérique. Peu lui importait : ce que lui, Georges Perec, était allé questionner là-bas, c'était « l'errance, la dispersion, la diaspora ».

Il l'explique ainsi : « Je ne sais pas très précisément ce que c'est qu'être juif, ce que ça me fait d'être juif. C'est une évidence, si l'on veut, mais une évidence médiocre, qui ne me rattache à rien. Ce n'est pas un signe d'appartenance, ce n'est pas lié à une croyance, à une religion, à une pratique, à un folklore, à une langue. Ce serait plutôt un silence, une absence, une question, une mise en question, un flottement, une inquiétude. Une certitude inquiète derrière laquelle se profile une autre certitude, abstraite, lourde, insupportable : celle d'avoir été désigné comme juif, et parce que juif victime, de ne devoir la vie qu'au hasard et à l'exil. »

Désignés comme juifs, les Grunberg devenus Greenberg. Désignés comme juifs, les Sanielevici. Désignés comme juifs, les Deleanu. D'exil en exil, Elias fut amené à se marier aux États-Unis, Harry en Roumanie, Marina à Paris où, la première, je suis finalement venue au monde. À l'instar de Perec, je n'ai, en matière de judaïsme, hérité d'aucune croyance, d'aucun folklore, d'aucun signe d'appartenance, seulement d'un silence indifférent, du moins en apparence. Dès lors, la seule chose que je puisse dire, comme Perec, est que j'aurais pu naître, tels mes plus ou moins lointains cousins, en Crimée, à Bruxelles, à Montréal, à Londres, à Rome, à Houston ou à Bucarest, et que je suis finalement née en France : « Une seule chose m'était précisément interdite : celle de naître dans le pays de mes ancêtres et d'y grandir dans la continuité d'une tradition, d'une langue, d'une communauté », insiste l'écrivain.

Je ne sais pas ce que c'est que d'être juif, on ne m'en a rien transmis et cela ne me manque pas.

Ayant grandi en France et en démocratie, nul ne m'a jamais « désignée » malgré moi. En revanche, je comprends en lisant Perec que « je suis étrangère à quelque chose de moi-même », différente non pas des autres, mais « différente des miens ». En effet, je ne parle pas la langue que ma mère parlait avec ses parents, je ne partage pas « leurs souvenirs, leur histoire, leur culture, leur espoir » : « Je n'ai pas le sentiment d'avoir oublié, mais celui de n'avoir jamais pu apprendre. »

Moi, première génération à ne pas émigrer. Moi, dont les enfants sont nés là où je suis née. Moi, dont les enfants parlent ma langue : leur langue maternelle. Enfin.

Plein de cochons, plus un juif

À BUCAREST, IL Y A une productrice et réalisatrice, Oana Giurgiu, qui a exactement mon âge. Elle a signé un film, *Aliyhah Dada*, consacré à l'exode des juifs de Roumanie. Elle n'est pas juive et n'a, dans son pays, jamais vu de juifs. D'ailleurs, elle comprend à peine ce que le mot signifie. Son film s'ouvre donc sur l'absence des juifs de Roumanie. Absence ressentie de manière intime puisque la cinéaste commence par filmer sa chambre d'adolescente. « Elle renferme tous mes souvenirs… mais j'ai toujours su que s'y trouvaient aussi les souvenirs de quelqu'un d'autre. Mes parents avaient racheté les meubles d'une famille de juifs qui s'apprêtait à partir, raconte-t-elle. À cette époque, je ne savais rien des juifs. Je me demandais surtout comment ces gens pouvaient émigrer alors que personne ne pouvait quitter le pays. » Oana Giurgiu pose aussi sa caméra dans un village de montagne, au nord de la Roumanie, où elle passait ses vacances avec son grand-père. À l'image : des cimetières juifs, un quartier juif, une synagogue vieille de trois cents ans, mais pas de juifs. C'était déjà comme cela quand elle était petite. Où étaient passés les juifs ? Tous partis en Israël, lui avait-on répondu. Tous. Aujourd'hui, elle s'interroge. Pourquoi ont-ils été aussi nombreux à partir ? Pourquoi n'en est-il pas resté un seul ? Que sont devenus ces grands absents ? Oana Giurgiu a mené l'enquête, épluchant les archives et recueillant les derniers récits d'une génération qui s'éteint. À Bucarest comme à Jérusalem et à Tel-Aviv, le nom d'un passeur, Henry Jacober, revient sans cesse. Son film retrace la filière Jacober vue depuis Israël.

Par son ampleur et sa durée, cette traite d'êtres humains demeure unique en Europe. Des juifs contre des cochons, d'abord, puis des juifs vendus à Israël, ensuite. La Roumanie étendit le principe à sa minorité allemande, que les communistes vendirent petit à petit à l'Allemagne de l'Ouest. « La cruelle vérité est que 90 % des citoyens roumains qui immigraient à l'Ouest dans les années 1970 étaient secrètement rançonnés en devises soit par Israël, soit par l'Allemagne, soit par leurs familles en Occident. Faire du commerce d'émigrés contre des devises finit par devenir l'un des principaux métiers de la Securitate et de sa direction du renseignement extérieur. Cet organe sera considéré par Ceauşescu comme sa première source de devises », conclut Radu Ioanid au terme de sa vaste recherche.

En 1997, le ministre roumain des Affaires étrangères présenta des excuses officielles pour avoir déporté des membres de la minorité allemande et pour les avoir vendus contre monnaie sonnante et trébuchante au gouvernement. Il ne formula pas d'excuses similaires envers les juifs roumains oppressés, persécutés et dont il fut fait également commerce. Des juifs ? Quels juifs ? Les communistes allaient fermer les yeux jusqu'au bout.

Une révolution fit tomber le régime en 1989. Quinze longues années passèrent encore, et en 2003, le gouvernement roumain, voulant faire la lumière sur le passé, signa un accord de collaboration avec le Mémorial de la Shoah à Washington. Toutefois, le communiqué officiel prit soin de « souligner fortement le fait qu'à l'intérieur des frontières de la Roumanie des années 1940, il n'y a pas eu de Shoah ». Une telle contrevérité provoqua un tollé mondial. Comment la Roumanie pouvait-elle perpétuer pareil déni ? Sous la pression, le président de la République fut obligé de créer une commission internationale chargée de faire la lumière sur les crimes perpétrés contre les juifs en Roumanie. Il la confia à Elie Wiesel, Prix Nobel de la paix, rescapé des camps d'Auschwitz et de Buchenwald. L'historien Radu Ioanid fut le vice-président de ce groupe de travail.

Les conclusions parurent l'année suivante. À la fin des années 1930, la Roumanie comptait 750 000 juifs. Au cours de la Seconde Guerre mondiale, la moitié d'entre eux furent assassinés. La commission dénombre plus de 300 000 juifs roumains et ukrainiens (la Transnistrie, mais aussi la ville d'Odessa sont devenues ukrainiennes après guerre) ayant trouvé la mort durant la Shoah, ainsi que 130 000 juifs roumains vivant en Transylvanie du Nord déportés à Auschwitz.

Si la commission pointe la difficulté de compter les morts sur des territoires qui ont changé plusieurs fois de nationalité, elle établit sans discussion la responsabilité de l'État roumain, du haut en bas de l'échelle administrative, et l'implication de sa population civile dans la destruction des juifs de Roumanie.

Au sortir de la guerre, la Roumanie ne comptait donc plus que 350 000 citoyens d'origine juive. Le régime s'empressa d'enfouir leur histoire. Il enfouit l'histoire des morts, comme il enfouit celle des vivants. Quatre décennies plus tard, lorsque Nicolae Ceauşescu fut renversé en 1989, les juifs étaient moins de 10 000 dans le pays. Ils avaient physiquement disparu. La Roumanie était bel et bien devenue un pays sans juif.

Après les déportations de masse, l'exportation de masse. Face à des chiffres aussi spectaculaires, comment ne pas considérer que les communistes ont, dans les faits, achevé l'œuvre des fascistes ? En débarrassant la Roumanie de ses juifs, ils sont parvenus enfin à ce que le maréchal Antonescu et son clan désignaient, en 1940, comme « le moment tant attendu de la délivrance ethnique ». Une délivrance sans effusion de sang. Un effacement corps et âme, doublé d'un juteux trafic.

Harry Deleanu exporté.
Gabriela Deleanu exportée.
Lena Deleanu exportée.
Marina Deleanu exportée.
Roza Sanielevici exportée.

La Roumanie délivrée.

Principales sources

Ouvrages

ANCEL, Jean, *Transnistria, 1941-1942. The Romanians mass murder campaigns*, Tel Aviv University, 2003.

CARP, Matatias, *Cartea Neagra. Le Livre noir de la destruction des juifs de Roumanie 1940-1944*, traduit du roumain, annoté et présenté par Alexandra Laignel-Lavastine, Denoël, 2009.

DURANDIN, Catherine, *Histoire des Roumains*, Fayard, 1995.

ETTINGER, Amos, *Blind Jump. The story of Shaike Dan*, Cornwall Books, 1992.

GRIMBERT, Philippe, *Un secret*, Grasset, 2004.

HEYMANN, Florence, *Le Crépuscule des lieux : identités juives de Czernowitz*, Stock, 2003.

HILBERG, Raul, *La Destruction des juifs d'Europe*, Gallimard, « Folio histoire », 2006 [1987].

IOANID, Radu, *The Ransom of the Jews. The story of the extraordinary secret bargain between Romania and Israël*, Rownan & Littlefield, 2e éd., 2021.

IOANID R., FRILLING, T., IONESCU, M., *Rapport final de la Commission Élie-Wiesel pour l'étude de l'Holocauste en Roumanie*, Bucarest, Polirom, 2005.

JABLONKA, Ivan (dir.), *L'Enfant-Shoah*, PUF, 2014.

LAIGNEL-LAVASTINE, Alexandra, *Cioran, Eliade, Ionesco. L'oubli du fascisme*, PUF, 2002.

MALAPARTE, Curzio, « Les Rats de Iasi » [1944], dans *Kaputt*, Denoël, rééd. 2006.

MARCU, Lilly, *Le Roi trahi. Carol II de Roumanie*, Pygmalion, 2002.

MOSCOVICI, Serge, *Chronique des années égarées*, Stock, 1997.

MOSCOVICI, Serge, *Mon Après-guerre à Paris : chronique des années* retrouvées (avec Alexandra LAIGNEL-LAVASTINE, co-auteur), Grasset, 2019.

NECULAU, Adrian (dir.), *La Vie quotidienne en Roumanie sous le communisme*, L'Harmattan, 2008.

OISTEANU, Andrei, *Les Images du juif. Clichés antisémites dans la culture*, Non-lieu, 2013.

ORSENNA, Erik, *Cochons. Voyage aux pays du Vivant. Petit précis de mondialisation VI*, Fayard / Stock, 2020.

PACEPA, Ion Mihai, *Horizons rouges. Dans les coulisses de la maison Ceauşescu par l'ancien chef des services secrets roumains*, Presses de la Cité, 1988.

PEREC, Georges, *Ellis Island*, P.O.L, 2019.

SAFRAN, Alexandre, *Un tison arraché aux flammes. La communauté juive de Roumanie (1939-1947)*, introduction de Jean ANCEL, Stock, 1989.

SEBASTIAN, Mihail, *Journal (1935-1944)*, Stock, 1998.

TEODOREANU, Ionel, *La Medeleni*, Editura Românească, 1925.

WALDECK, comtesse R. G., *Athénée Palace*, De Fallois, 1942.

WIESEL, Elie, *Les Juifs du silence*, Seuil, 1966.

WYMANN, David, *L'Abandon des juifs. Les Américains et la solution finale*, Flammarion, 1992.

Revues

« L'horreur oubliée : la Shoah roumaine », numéro spécial de la *Revue d'histoire de la Shoah*, sous la direction de Florence Heymann, Alexandra Laignel-Lavastine et Georges Bensoussan, n° 194, janvier-juin 2011.

BENSOUSSAN, Georges, « Éditorial », *Revue d'histoire de la Shoah*, n° 194.

BOREJSZA, Jerzy W., « Staline et le cosmopolitisme », *Vingtième siècle*, 2010, n° 108.

CAZACU, Matei, « La disparition des juifs de Roumanie », *Matériaux pour l'histoire de notre temps*, n° 71, 2003.

GUSU, Cosmina, « Analyse d'une tragédie, représentation du pogrom de Bucarest dans la presse de l'époque », traduit du roumain par Laure Hinckel, in *Revue d'histoire de la Shoah*, n° 194.

HEYMANN, Florence, « Introduction. La shoah “à la roumaine” : entre oubli, mémoire et histoire », *Revue d'histoire de la Shoah*, n° 194.

VOICU, George, « L'attitude des intellectuels roumains face à la Shoah et sa mémoire dans la Roumanie post-communiste », traduit par Nicolas Véron, *Revue d'histoire de la Shoah*, n° 194.

Presse

ANONYME, « London Market in Rumanians », *Sunday Telegraph*, 21 juin 1964.

BRAN, Mirel, « Le retour des juifs en Roumanie », *Le Monde*, 22 janvier 2007.

GHEORGHE, Dan, « Cum au masacrat comunistii jumatate de million de cai », *Romania Libera*, 9 mai 2010.

RISEN, Clay, « Ion Mihai Pacepa, Key cold war defector, dies at 92 », *The New York Times*, 16 mars 2021.

Remerciements

Sans l'immense courage de ma mère, Marina, ce livre n'existerait pas.

Sans l'amour de Philippe, ce livre n'existerait pas.

Je tiens à remercier :

Sophie Berlin, mon éditrice, pour l'élégance de sa précision.

Frédéric Schwamberger, pour y avoir cru dans l'instant.

Son excellence Radu Ioanid, ambassadeur de Roumanie en Israël, pour notre échange et pour sa confiance.

L'historienne Alexandra Laignel-Lavastine, pour sa relecture scientifique.

L'historien Grégoire Kauffmann, pour ses suggestions et ses encouragements.

Dana Hastier et son père, le docteur Nicolae Haimovici, pour leur témoignage déterminant.

Éric Orsenna, pour son aide enthousiaste et son amour des cochons.

Les exportés

Françoise Asso, pour son maniement de la virgule et son panache.

France Inter, ma radio, ma maison, pour son exigence et son soutien.

Redwane Telha et Anne-Cécile Perrin, pour la précieuse équipe que nous avons formée.

Josette Frappier, pour ces mots libérés.

Matthieu Belghiti, Lise Pérot et Laurence Pons, pour ce qu'ils sont, les piliers de ma vie.

Élodie et Éric Amanou, Pascal Barragué, Romain Boulet, François Bouyer, Émilie Deleuze, Gaëlle Dumont, Pierre Gauvrit, Paule Gonzalès, Sandrine et Marie-Laure Guinot-Dangeon, Agnès Monteux, Éric Pons et Myriam Weil, pour leur indéfectible amitié.

Andrea et Aurélien, mes garçons, pour ce qu'ils prendront du passé et qu'ils inventeront de l'avenir.

Table

Les juifs

Les communistes

Les cochons

Table

Les apatrides

Cet ouvrage a été mis en pages par

<pixellence>

Imprimé en France par CPI
en septembre 2022

Dépôt légal : septembre 2022
N° d'édition : 558489-3
N° d'impression : 171919